中等职业技术教育国家紧缺型人才培养精品教材——贸易与物流

集装箱作业实务

主　编　喻　媛　王铭崇
副主编　赵从奎　黄成婷　梁文刚　刘峻辉
参　编　刘广民　林　炜　凌联魁　周　峰

西南交通大学出版社
·成　都·

图书在版编目（CIP）数据

集装箱作业实务 / 喻媛，王铭崇主编. —成都：西南交通大学出版社，2020.4（2025.10 重印）

中等职业技术教育国家紧缺型人才培养精品教材. 贸易与物流

ISBN 978-7-5643-7405-1

Ⅰ. ①集… Ⅱ. ①喻… ②王… Ⅲ. ①集装箱运输 – 中等专业学校 – 教材 Ⅳ. ①U169

中国版本图书馆 CIP 数据核字（2020）第 054574 号

中等职业技术教育国家紧缺型人才培养精品教材——贸易与物流
Jizhuangxiang Zuoye Shiwu
集装箱作业实务

主　编 / 喻　媛　王铭崇	责任编辑 / 孟秀芝
	封面设计 / 何东琳设计工作室

西南交通大学出版社出版发行

（四川省成都市金牛区二环路北一段 111 号西南交通大学创新大厦 21 楼　610031）

营销部电话：028-87600564　　028-87600533

网址：http://www.xnjdcbs.com

印刷：四川森林印务有限责任公司

成品尺寸　185 mm×260 mm

印张　10.5　　字数　259 千

版次　2020 年 4 月第 1 版　　印次　2025 年 10 月第 2 次

书号　ISBN 978-7-5643-7405-1

定价　30.00 元

课件咨询电话：028-81435775

图书如有印装质量问题　本社负责退换

版权所有　盗版必究　举报电话：028-87600562

前　言

目前，物流与服务管理专业正逐步从高速公路运输方向向港口物流方向拓展。

加强现代化集装箱进出口作业建设，对扩大集装箱进出口作业运输有效供给，构建现代综合交通运输体系，建设交通强国，实现"两个一百年"奋斗目标和中华民族伟大复兴的中国梦，具有十分重要的意义。

集装箱进出口作业系统是集装箱进出口作业企业正常运营的保证，而熟练操作该系统则是物流服务与管理、跨境电商等专业学生必备的技能。本书主要讲授集装箱基础理论知识、集装箱进出口作业操作流程和部分桥式起重机、塔式起重机执业资格考试相关试题等。

本书从系统操作的角度出发，全流程介绍了集装箱进出口作业的相关知识。本书不仅介绍了集装箱进出口的相关设备，而且步骤清晰地介绍了集装箱进出口作业全流程，并附上执业资格证书考试的部分试题，从而使本书在强调技能实际操作的同时，又突出理论考试的作用。本书采用任务式编写体例，以集装箱进出口作业操作流程为主线，设置了认识集装箱及操作设备、集装箱港口调研方案实施、集装箱出口作业、集装箱港口进口作业实务等 4 个项目、10 个任务。此外，每章均从物流服务与管理、跨境电商等专业学生的实际接受能力出发设计了情景故事，具有较强的可读性和应用性。

由于编者水平有限，虽然在编写过程中认真校核、反复核对，但难免存在不足和欠妥之处，我们衷心希望广大读者能够对本书的不当之处给予批评指正。

编　者
2019 年 8 月

目 录

项目一　认识集装箱及操作设备 ·· 1

　　任务一　认识集装箱 ··· 1
　　任务二　认识集装箱操作设备 ·· 12

项目二　集装箱港口调研方案实施 ·· 19

　　任务一　集装箱港口调研方案设计 ··· 19
　　任务二　集装箱港口装船作业方案实施 ·· 25

项目三　集装箱出口作业 ·· 39

　　任务一　集装箱出口业务流程 ·· 39
　　任务二　装船作业操作 ·· 54
　　任务三　重箱进场作业 ·· 68

项目四　集装箱港口进口作业实务 ·· 84

　　任务一　集装箱进口流程 ··· 84
　　任务二　卸船作业操作 ·· 110
　　任务三　重箱出场作业操作 ··· 128

附录一　桥门式起重机司机（Q4）——起重机部件（图片）······································· 142

附录二　桥门式起重机司机（Q4）——指挥信号识别 ·· 156

参考文献 ·· 161

项目一

认识集装箱及操作设备

任务一 认识集装箱

【知识目标】
1. 掌握集装箱的定义、集装箱国际国内标准、集装箱种类等内容。
2. 识记集装箱标记代号的位置及集装箱标记类型、含义。

【技能目标】
1. 能够熟练识记各类集装箱标记,进行集装箱运输管理。

【素养目标】
1. 培养学生刻苦学习精神,专注识记各类集装箱标记,独立完成作业。
2. 培养学生规范应用习惯,能正确应用国际行业相关标准和规范。

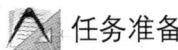 任务描述

王×第一天到码头工作,以后就要靠这份工作养活自己,但是她从来没从事过码头的工作,所以她决定从认识码头上的设备开始。今天她要向老员工学习什么是集装箱并记住集装箱的外部标记。

思考:集装箱是什么样子的,有什么用途,集装箱标记有些什么意义?

 任务准备

一、集装箱的定义

集装箱的定义

关于集装箱的定义,历年来国内外专家学者存在一定的分歧,现以国际标准化组织(ISO)对集装箱的定义做介绍。国际标准化组织(ISO)对集装箱的定义为:集装箱是一种运输设备,应满足以下要求:

（1）具有耐久性，其坚固强度足以反复使用；
（2）便于商品运送而专门设计的，在一种或多种运输方式中运输时无须中途换装；
（3）设有便于装卸和搬运的装置，特别是便于从一种运输方式转换到另一种运输方式；
（4）设计时应注意便于货物装满或卸空；
（5）内容积为 1 m^3 或 1 m^3 以上。

集装箱一词的含义不包括车辆或传统包装。

二、集装箱标准

（一）国际标准

国际标准集装箱是指根据国际标准化组织（ISO）104 技术委员会制定的国际标准来建造和使用的集装箱。国际标准集装箱规格如表 1-1-1 所示。

表 1-1-1　国际标准集装箱外部尺寸和额定质量

型号	外部尺寸/mm			总质量/kg	最小内部尺寸/mm			最小内部容积/m^3	备注
	高	宽	长		高	宽	长		
1A	2 438	2 438	12 192	30 480	2 195	2 300	11 997	60.5	
1AA	2 591	2 438	12 192	30 480	2 350	2 300	11 998	65.7	主要用于国际运输
1B	2 438	2 438	9 125	25 400	2 195	2 300	8 930	45.0	
1BB	2 591	2 438	9 125	25 400	2 350	2 300	8 930	48.3	
1C	2 438	2 438	6 058	20 320	2 195	2 300	5 867	29.6	
1CC	2 591	2 438	6 058	20 320	2 350	2 300	5 867	31.7	主要用于国际运输
1D	2 438	2 438	2 991	10 160	2 195	2 300	2 802	14.1	

（二）国内标准

各国政府可参照国际标准并考虑本国的具体情况，制定本国的集装箱标准。我国现行国家标准《系列集装箱分类、尺寸和额定质量》（GB/T 1413—2008）规定了各种型号集装箱的外部尺寸、极限偏差及额定质量。表 1-1-2 列出的是我国现行的 15 种标准集装箱的外部尺寸和额定（总）质量。

表 1-1-2　国内标准集装箱外部尺寸和额定质量

型号	外部尺寸/mm			总质量/kg	最小内部尺寸/mm			最小内部容积/m^3	备注
	高	宽	长		高	宽	长		
1AA	2 591	2 438	12 192	30 480	2 350	2 330	11 998	65.7	主要用于国际运输
1CC	2 591	2 438	6 058	20 320	2 350	2 330	5 867	31.7	
10D	2 438	2 438	4 012	10 000	2 197	2 330	3 823	19.6	主要用于国内运输
5D	2 438	2 438	1 968	5 000	2 197	2 330	1 780	9.1	

三、集装箱种类（表1-1-3）

集装箱的分类及用途

表1-1-3　各类集装箱

种类	材料及结构特点	图例	适用范围
干货（通用）集装箱	干货集装箱（Dry Container）以装运件杂货为主，这种集装箱占集装箱总数的70%~80%	二十呎钢制乾货货柜	通常用来装运文化用品、日用百货、医药、纺织品、工艺品、化工制品、五金交电、电子机械、仪器及机器零件等，服装、轻工产品、食品、家用电器、医药及各种贵重物品等。（20英尺干货集装箱正常装货28 CBM）
干货（通用）集装箱	干货集装箱（Dry Container）以装运件杂货为主，这种集装箱占集装箱总数的70%~80%	45英尺集装箱 四十呎超高钢制乾货货柜	正常装货56 CBM
			正常装货78 CBM

续表

种类	材料及结构特点	图例	适用范围
开顶集装箱	开顶集装箱又叫敞顶集装箱（Open Top Container），没有刚性箱顶，但有可折叠式或可折式顶梁支撑的帆布、塑料布或涂料布制成的顶篷，其他构件与干货（通用）集装箱类似。 装卸时可用起重机从箱顶上面装卸货物，装运时用防水布覆盖顶部，其水密要求和干货箱一样	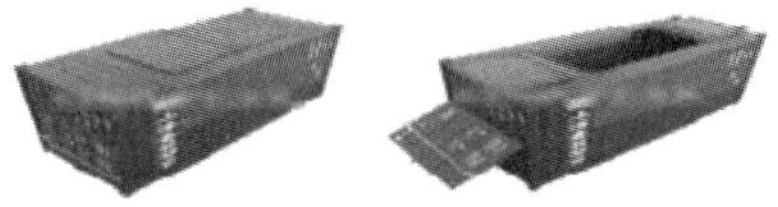 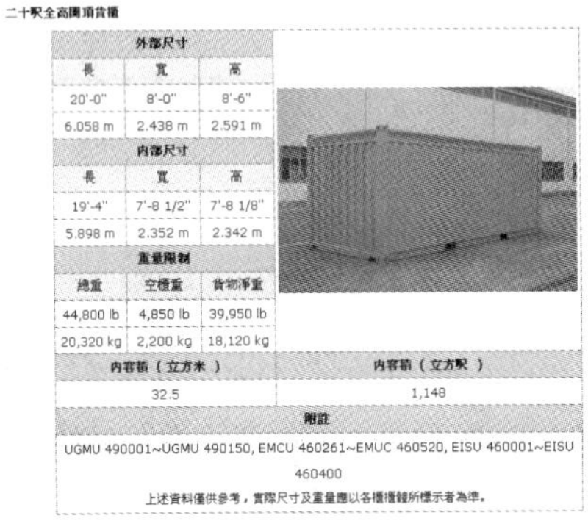 （二十呎全高開頂貨櫃及四十呎全高開頂貨櫃规格图示）	用于装载大型（体积高大）的货物（如钢铁、木材）和玻璃板等易碎的重物，利用吊车从顶部将货物吊入箱内
罐式集装箱	罐式集装箱（Tank Container）又称液体集装箱，是为运输食品、药品、化工品等液体货物而制造的特殊集装箱。其结构是在一个金属框架内固定上一个液罐	（二十呎油槽櫃规格图示）	专门用来装运酒类、油类（如动植物油）、液体食品及化学品等液体货物，还可装运汽油等液态危险品。 （有单罐和多罐等类型。单罐由于其侧壁强度较大，故一般用于装载麦芽和化学品等相对密度较大的散货，多罐用于装载相对密度较小的谷物）

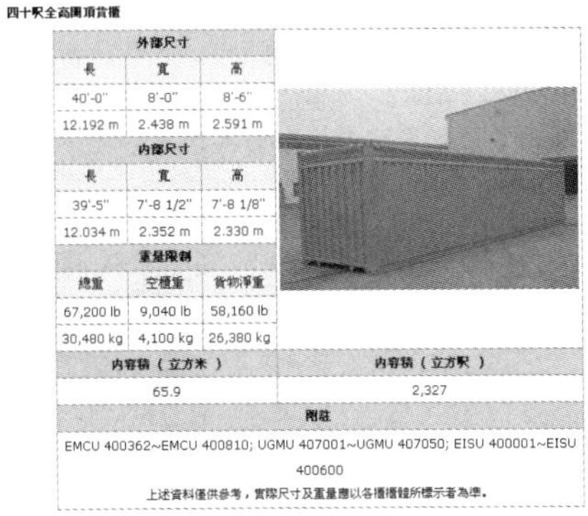

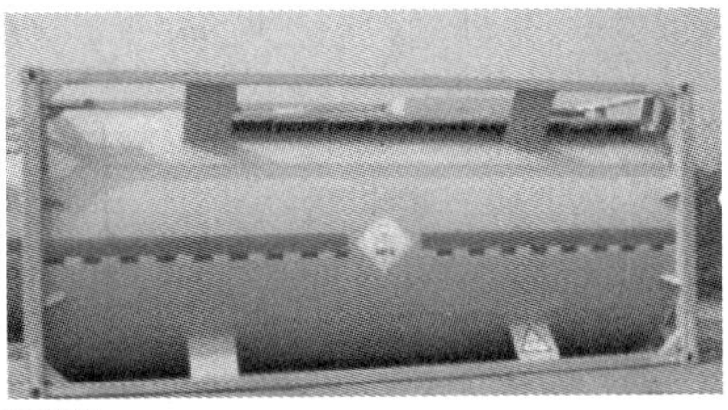

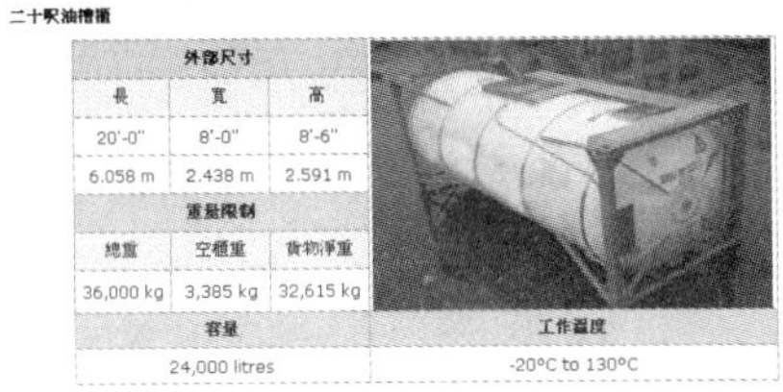

— 4 —

续表

种类	材料及结构特点	图例	适用范围
散货集装箱	散货集装箱（Bulk Container）除有箱门外，箱顶部有2~3个装货口，箱门下部设有卸货口，底部有升降架，可升高成40°的倾斜角。需保持箱内清洁，两侧光滑，便于从箱门卸货。如需植物检疫，可在箱内熏舱蒸洗		适宜装粮食、水泥等粉状或粒状的散货
散装粉状货集装箱	散装粉状货集装箱（Free Flowing Bulk Material Container）与散装箱基本相同，但装卸时使用喷管和吸管		适宜装水泥等粉状的散货。使用集装箱装运散货，一方面提高了装卸效率，另一方面提高了货运质量，减轻了粉尘对人体和环境的侵害
动物集装箱	为遮蔽太阳，箱顶采用胶合板露盖，侧面和断面有铝丝网制成的窗，以求有良好的通风。侧壁下方设有清扫口、排水口以及喂食口，并配有上下移动的拉门，垃圾可被扫除		装运鸡、鸭、鹅等活家禽（动物集装箱一般应装在船的甲板上，因甲板上空气流通，便于清扫和照顾动物）
牲畜集装箱	牲畜集装箱（Pen Container）侧面采用金属网，通风条件良好，而且便于喂食		专为装运牛、马等活动物而制造的特殊集装箱

续表

种类	材料及结构特点	图例	适用范围
汽车集装箱	汽车集装箱（Platform Container）形状类似铁路平板车，适宜装超重超长货物，长度可达6米以上，宽4米以上，高4.5米左右，重量可达40公吨。且两台平台集装箱可以联结起来，装80公吨的货。用这种箱子装运汽车极为方便		专业箱厂专门设计的、专门用来运输各种类型汽车的一种特种集装箱。（由于集装箱在运输途中常受各种力的作用和环境的影响，因此集装箱的制造材料要有足够的刚度和强度，应尽量采用质量轻、强度高、耐用、维修保养费用低的材料，材料既要价格低廉，又要便于取得）
框架集装箱	框架集装箱（Flat Rack Container）没有箱顶和两侧，其特点是从集装箱侧面进行装卸。没有水密性，怕水湿的货物不能装运，或用帆布遮盖装运，平台两用货柜		用于装运重型机械、游艇、锅炉等。以超重货物为主要运载对象，还便于装载牲畜，以及诸如钢材之类可以免除外包装的裸装货。这种集装箱（含前后板框可折叠式）可以从左右以及上方进行装卸作业，适合装载长大件和重货件
台架式集装箱	台架式集装箱没有箱顶和侧壁，甚至端壁也被去掉而只有底板和4个角柱(角柱可折叠式)。没有水密性，怕水湿的货物不能装运，或用帆布遮盖装运，平台两用货柜		装运重型机械、钢材、钢管、木材、钢锭等。（可从前后、左右以及上方进行装卸作业，适合装载长大件和重货件）

续表

种类	材料及结构特点	图例	适用范围
保温集装箱	保温集装箱（Insulated Container）箱内有隔热层，箱顶有能调节角度的进出风口，可利用外界空气和风向来调节箱内温度，紧闭时能在一定时间内不受外界气温影响		所有箱壁都用导热率低的材料隔热，用来运输需冷藏和保温对温湿度敏感的货物。箱内有隔热层，箱顶能调节角度的进出风口，可利用外界空气和风向来调节箱内温度，紧闭时能在一定时间内不受外界气温影响
冷藏集装箱	冷藏集装箱（Refrigerated Container）： 1. 集装箱内带有冷冻机的机械式冷藏集装箱，分外置式和内置式两种。温度可在 -28℃～+26℃ 之间调整。 1）内置式集装箱在运输过程中可随意启动冷冻机，使集装箱保持指定温度； 2）外置式须依靠集装箱专用车、船和专用堆场、车站上配备的冷冻机来制冷。 2. 离合式冷藏集装箱（又称外置式或夹箍式冷藏集装箱）。箱内没有冷冻机而只有隔热结构，集装箱端壁上设有进气孔和出气孔，箱子装在舱中由船舶冷冻装置供应冷气		用来运输冷冻食品，如冷冻鱼、肉、虾等；低温水果、蔬菜、干酪、黄油、巧克力、炼乳、人造奶油等货物；胶片、某些药品等需保持一定温度的货物。在装箱前需检验冷冻装置，船上要有电源插头，能使制冷设备正常运转。 常用的5种制冷方法： 1. 冰冷。利用冰或冰盐的溶解热进行制冷，是最原始的办法。 2. 液态气体制冷。用液氮（Liquid Nitrogin、空气或二氧化碳在气化时所吸收的潜热和一部分升温湿热来制冷。 3. 冷板制冷。利用低温共晶液（Eutectic Liquid）蓄冷后再行吸热的制冷方法。 4. 吸收式制冷。利用车辆余热或直接燃用燃料的制冷方法。 5. 机械压缩制冷。当前最成熟且被世界各国广泛应用的制冷方式

续表

种类	材料及结构特点	图例	适用范围
隔热集装箱	隔热集装箱（Insulatal Produce Container），是一种为防止箱内温度上升，使货物保持鲜度，通常用干冰制冷，保持时间约为72小时的集装箱		运载水果、蔬菜等货物，防止温度上升，以保持货物新鲜度且具有充分隔热结构，还适宜装运对温湿度敏感的货物
通风集装箱	通风集装箱（Ventilated Container），在端壁和侧壁等箱壁有通风孔，内壁涂塑料层的集装箱。常以设有通风孔的冷藏集装箱代用。如将通风口关闭，可将其作为通用集装箱使用		可装运水果、蔬菜等不需要冷冻而具有呼吸作用怕热怕闷的货物，还可装运兽皮等在运输中会渗出液汁的货物，会引起潮湿的货物等
服装集装箱	服装集装箱又叫挂式集装箱（Dress Hanger Container），在箱内上侧梁上装有许多根横杆，每根横杆上垂下若干条皮带扣、尼龙带扣或绳索，成衣利用衣架上的钩直接挂在带扣或绳索上。这种服装装载属于无包装运输，不仅节约了包装材料和包装费用，而且减少了人工劳动，提高了服装的运输质量		普通服装 专为不可折叠的高档服装设计

🔷 **任务实施**

集装箱标记

一、认识各类标记

为了方便集装箱运输管理，国际标准化组织（ISO）制订了集装箱标记规定。集装箱标记代号的位置以及集装箱标记如图 1-1-1、1-1-2 所示。

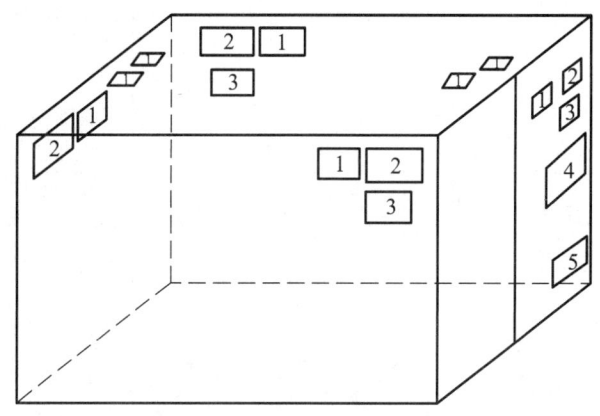

1—箱主代号；2—箱号或顺序号、核对数字；3—集装箱尺寸及类型代号；
4—集装箱总量、自重和容积；5—集装箱制造厂名及出厂日期。

图 1-1-1　集装箱标记代号的位置

图 1-1-2　集装箱标记

集装箱必备标记如表 1-1-4 所示。

表 1-1-4　集装箱标记

标记类型	代号	解释	举例及应注意事项
识别标记	箱主代号	国际标准化组织规定，箱主代号由四个大写的拉丁字母表示，前三个字母由箱主自己规定，第四个字母一律用 U 表示	如 COSU8001215，"COSU"是箱主代码，前三位"COS"由箱主规定，并在国际集装箱局登记，"U"表示海运集装箱代号
	顺序号（箱号）	由 6 位阿拉伯数字组成。如数字不足 6 位时，则在有效数字前用 0 补足 6 位	如 COSU8001215，"800121"是顺序号，也是集装箱编号，规定用 6 位阿拉伯数字，数字不足 6 位在有效数位前用 0 补足，如"053842"
	核对数字	用于核对箱主代号和顺序号记录是否准确的依据。它位于箱号后，以 1 位阿拉伯数字加一方框表示	如 COSU8001215，"5"是核对数字，用于计算核对箱主代号与顺序号记录的正确性，一般位于顺序号之后，用 1 位阿拉伯数字表示，并加方框提醒
作业标记	额定质量和自定质量标记	额定质量即集装箱总质量，自定质量即集装箱空箱质量	ISO 0688 规定以千克（kg）和磅（lb）同时表示
	空陆水联运集装箱标记	由于该集装箱仅能堆码两层，因而国际标准化组织对该集装箱规定了特殊的标记，颜色为黑色。它位于侧壁和端壁的左上角，并规定标记最小尺寸为：高 127 mm，长 355 mm，字母标记的字体的高度至少为 76 mm	AIR/SURFACE
	登箱顶触电警告标记	该标记为黄色底各色三角形。一般设在罐式集装箱和登箱顶的扶梯处，以警告登体者有触电危险	

 小贴士

如"COSU001234 2"，"COS"为中远集运的箱主代码，"U"为常规集装箱，"001234"为箱号，"2"为核对数字。箱主代码、设备识别码、箱号和核对数字的字体高度不得小于 100 mm，在便于作业人员视读的位置紧凑排列，在集装箱两侧、两端及箱顶进行标识。

二、识别各类集装箱标记

请以图 1-1-3 为例，在表 1-1-5 中填入对应的内容。

图 1-1-3　集装箱

表 1-1-5　集装箱标记

箱主代号	
额定重量	
自定重量	
核对数字	
顺序号	

 拓展提升

一、自选标记识读（表 1-1-6）

表 1-1-6　集装箱标记

标记类型	代号	解释	举例及应注意事项
识别标记	国家和地区代号	如中国用 CN、美国用 US	
	尺寸和类型代号	箱型代码	
作业标记	超高标记	该标记在黄色底上标出黑色数字和边框，此标记贴在集装箱每侧的左下角，距箱底约 0.6 m 处，同时该标记贴在集装箱主要标记的下方。凡高度超过 2.6 m 的集装箱应贴上此标记	

续表

标记类型	代号	解释	举例及应注意事项
作业标记	国际铁路联盟标记（UIC）	凡符合《国际铁路联盟条例》规定的集装箱，可获得此标记。该标记是在欧洲铁路上运输集装箱的必要通行标记	iC 33

二、通行标记（表 1-1-7）

表 1-1-7 集装箱通行标记

标记类型	解释	举例及应注意事项
通行标记	集装箱在运输过程中能顺利地通过或进入他国国境，箱上必须贴有按规定要求的各种通行标记，否则必须办理烦琐的证明手续，延长周转时间	集装箱上的主要通行标记有安全合格牌照、集装箱批准牌照、防虫处理板、检验合格徽及国际铁路联盟标记

任务二 认识集装箱操作设备

【知识目标】

1. 认识集装箱码头装卸作业所需的操作设备。
2. 了解集装箱码头各类设备的操作方法、使用的注意事项。

【技能目标】

1. 掌握集装箱码头设备的使用方法及系统的操作方法。

【素养目标】

1. 培养学生工匠精神，尊崇大国工匠，增强民族自豪感。
2. 培养学生团结协作精神，共同协作完成学习任务。

任务描述

王×虽然初步了解了各类集装箱及用途。主管决定让王×参观青岛港——亚洲首个全自动化集装箱码头,初步了解码头集装箱设备使用方法及 3D 模拟系统的操作方法,培养学生通过观看港口高新科学技术设备,培养民族自信心,增强民族自豪感。

青岛港,亚洲首个全自动化集装箱码头

任务准备

设备介绍及主要用途如表 1-2-1 所示。

表 1-2-1 设备介绍及主要用途

设备名称	设备介绍	主要用途
岸桥		现代集装箱港口普遍采用集装箱岸桥进行船舶的装卸作业。集装箱岸桥是集装箱港口装卸集装箱的专用机械
龙门吊		轮胎式龙门起重机是集装箱港口堆场进行装卸、搬运、堆垛作业的专用机
集装箱		集装箱指具有一定强度、刚度和规格专供周转使用的大型装货容器

续表

设备名称	设备介绍	主要用途
堆场		堆场是集装箱港口堆放集装箱的场地，为提高码头作业效率，堆场又可分为前方堆场和后方堆场两部分
闸口		闸口是公路集装箱进入码头的必经之处，也是划分集装箱责任的分界点。闸口按业务需要可分为进闸口和出闸口，闸口的主要功能包括箱体检验、填写设备交接单进行箱体交接、单证的审核与签发签收、收箱和提箱的堆场位置确定、进出码头集装箱的信息记录
中控室		中控室是集装箱港口各项生产作业的中枢，集指挥、监督、协调、控制于一体。控制室计算机与作业现场、搬运机械的计算机终端通过有线或无线连接，成为码头各项作业信息的汇集和处理中心
集卡车		集卡车主要用于码头内部水平运输
集装箱货运站（CFS）		集装箱货运站主要用于装箱和拆箱，在集装箱港口起到辅助功能。集装箱货运站通常设于码头的后方，其侧面靠近码头，外接公路或铁路，以方便货物接运，同时又不对整个码头的主要作业造成影响

续表

设备名称	设备介绍	主要用途
PDA 采集器		自身有电池,可以移动使用,具有数据存储及计算能力,能与其他设备进行数据通信,具有显示和输入功能。通常采用手写笔作为输入设备,而存储卡作为外部存储介质。在无线传输方面,大多数PDA具有红外和蓝牙接口,以保证无线传输的便利性。许多PDA还能够具备Wi-Fi连接以及GPS全球卫星定位系统

任务实施

1. 打开桌面上的 ,使用自己的账号登录。登录之后,依次选择"上课管理"→"任务一 集装箱码头认知"→"港口调度员"→"准备"→"开始",进入3D虚拟场景,如图1-2-1所示。

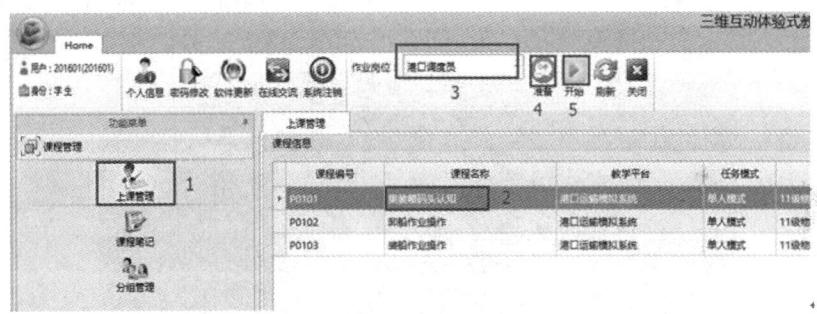

图1-2-1 教学平台

2. 进入3D虚拟场景,按照如下按键操作:
（1）按F1键为第一视角,F2键为第三视角,F3键为飞行视角;
（2）按W、S、A、D键可进行前后左右移动,移动时按住Shift键可进行减速;
（3）按住鼠标右键进行拖动可以转换方向,第三视角下转动鼠标滚轮可调节视野远近,飞行视角下按Q键可以上升、按E键可以下降。

集装箱码头认知

先进入中控室,如图1-2-2所示。然后再乘坐电梯下到1楼,进入集装箱码头3D虚拟场景,如图1-2-3所示。

图 1-2-2　中控室

图 1-2-3　3D 虚拟场景

3. 首先找到岸吊，逆时针靠近且仔细观察、咨询老师或者到网上查找资料认识每个区域的每一种设备，记录下你所看到的设施设备。

4. 按 F3 键进入飞行模式，找到进场、出场区，逆时针漫游场景，将会看到图 1-2-4 的区域。出港口左转弯，会看到集装箱货运站（CFS），如图 1-2-5 所示。

图 1-2-4　办公区

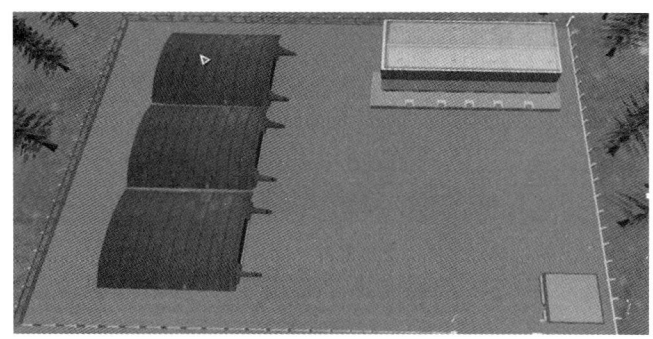

图 1-2-5　集装箱货运站（CFS）

知识链接

光标定义如表 1-2-2 所示。

表 1-2-2 系统光标信息表

	鼠标自身光标，直接拖动鼠标使其移动。用于操作系统任务栏、PDA 以及 TOS 系统中的功能

拓展提升

按键说明如表 1-2-3 所示。

表 1-2-3 键盘操作按键表

W	控制人物、车辆、岸吊/场吊的吊具向前快速移动
S	控制人物、车辆、岸吊/场吊的吊具向后快速移动
A	控制人物、岸吊/场吊的吊具向左移动；控制车辆向左转弯（车辆转弯需同时按住 W 和 S 键）
D	控制人物、岸吊/场吊的吊具向右移动；控制车辆向右转弯（车辆转弯需同时按住 W 和 S 键）
E	按下 E 键，再按 W、S、A、D 键可以微小距离调整岸吊/场吊的吊具位置，调整好再按 E 键恢复正常距离的调整
Q	取出/收起 PDA；进行岸吊/场吊的选位操作
Ctrl	拿起打印单据时需同时按住该键
Alt	操作使用键
F1	第一人称视角
F2	第三人称视角
F3	自由视角
T/P	开启内集卡车/外集卡车（T）；岸桥/龙门吊电源启动键（P）
空格	人物跳跃/刹车；吊具锚定
C	蹲下
R	重置
O	吊具 20 英尺[①]与 40 英尺间的切换

---

① 1 英尺=0.3048 米。

续表

Esc	取消键，收起打开的单据
5	升起或下降场吊\岸桥吊具的四条支腿
6	场吊/岸桥吊具的开锁/闭锁键
Z	吊具左转
X	吊具右转
F	吊具复位
G	全部复位
B	速度快/慢
↑	控制场吊/岸吊吊具的起升
↓	控制场吊/岸吊吊具的下降
M	双击鼠标左键进行人物位置传送，如将外集卡司机传送至集装箱货运站

项目二

集装箱港口调研方案实施

任务一 集装箱港口调研方案设计

【知识目标】

1. 通过实地或者 3D 虚拟场景系统进行调研，掌握集装箱港口设施设备、场区集装箱堆放情况、集装箱港口泊位情况。
2. 了解集装箱港口作业岗位及职责。

【技能目标】

1. 能够使用绘图工具画出集装箱港口的平面结构图。
2. 能够设计集装箱港口货物进出口作业方案。

【素养目标】

1. 培养学生实事求是的研究精神，了解集装箱港口运作的实际情况。
2. 培养学生周密严谨考虑问题的能力，全面了解集装箱港口布局结构、作业流程、堆场的堆存情况、泊位情况。

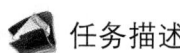 任务描述

王×在三维场景中了解了集装箱码头各场区用途，经仔细观察岸吊，初步认识每个区域的每一种设施设备，并记录下所看到的设备名称，但是码头上各类大型的机械设备太多，她仍然不清楚用途。为了能让王×尽快了解集装箱港口作业岗位及职责，主管决定让王×设计集装箱港口调研方案，使她能够初步了解集装箱港口泊位和作业成本，使用绘图工具或 CAD 软件画出集装箱码头场箱位示意图和港口各功能区域布置图。

任务准备

一、任务：如何设计集装箱港口调研方案

概念：在进行集装箱港口货物进出口作业方案设计时，首先要了解集装箱港口运作的基

本情况，熟悉集装箱港口布局结构、功能、流程及设施设备规模、堆场的堆存情况、舱单流水、成本结构、作业岗位等相关基础信息，在此基础上才能进行作业方案设计。

方法：观察法和查询法（在 ITP 系统中观察调研）。

二、任务内容

1. 了解集装箱港口有哪些设施设备，针对调研表模板中所列举的项目进行调研（ITP 系统）。
2. 集装箱港口作业岗位及职责调查（ITP 系统）。
3. 1A 场区集装箱堆场情况调研。
4. 根据参观调研情况判断集装箱港口属于哪种类型，使用绘图工具或 CAD 软件画出集装箱码头场箱位示意图和港口各功能区域布置图。
5. 作业成本调查（ITP 系统）。
6. 集装箱港口泊位调研（ITP 系统）。观察的同时思考集装箱码头是用来做什么的，它的职能有哪些。

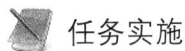 **任务实施**

一、概　念

根据任务日期，进入港口（ITP 系统），通过观察和查询掌握该集装箱港口的布局结构、设施设备规模、堆场存储情况、舱单流水、成本结构、作业岗位等相关基础信息，熟悉集装箱港口各种设施设备的功能和用途。

二、操作指导书

1. 双击桌面图标打开用户登录界面，输入账号和密码（默认密码与账号相同），点击"登录"，如图 2-1-1 所示。登录平台后，在"我的课程"里点击"'港口管理'理实一体化课程"，在"课程内容"中选择课程"项目一　集装箱港口单项作业方案设计与实施"→"子项目一　集装箱港口调研方案设计与实施"→"任务二　集装箱港口调研方案实施"，在右侧选择"集装箱港口调研方案实施（教师演示）"，并单击"进入任务"，进入 3D 模拟场景，如图 2-1-2 所示。进入 3D 场景后选择岗位"港口调度员"，并点击"确定"，如图 2-1-3 所示。

2. 进入 3D 仿真场景后，按照如下按键操作（需在英文输入法状态下操作）：

（1）按 F1 键为第一视角，F2 键为第三视角，F3 键为飞行视角；

（2）按 W、S、A、D 键可进行前后左右移动，移动时按住 Shift 键可进行减速；

（3）按住鼠标右键进行拖动可以转换方向，第三视角下转动鼠标滚轮可调节视野远近，飞行视角下按 Q 键可以上升、按 E 键可以下降。

图 2-1-1　登录界面

图 2-1-2　进入任务

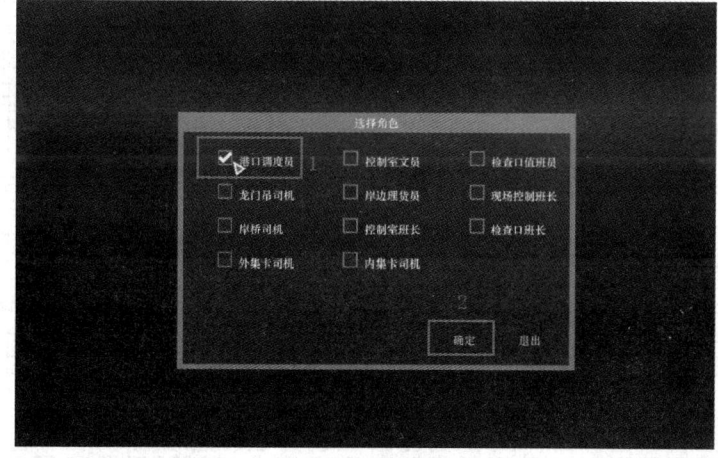

图 2-1-3　岗位选择

人物出现在中控室，如图 2-1-4 所示。然后走近电梯，按 Alt 键乘坐电梯下到 1 楼，进入集装箱港口 3D 仿真场景，如图 2-1-5 所示。

图 2-1-4 中控室

图 2-1-5 3D 仿真场景

3. 用 F3 飞行视角观察地面集装箱堆场的场箱位，归纳总结出场箱位的编码规则，并在图 2-1-6 中将地面场箱位图中缺失的数字补充完整，找出场箱位 3A0411 的位置并涂黑。

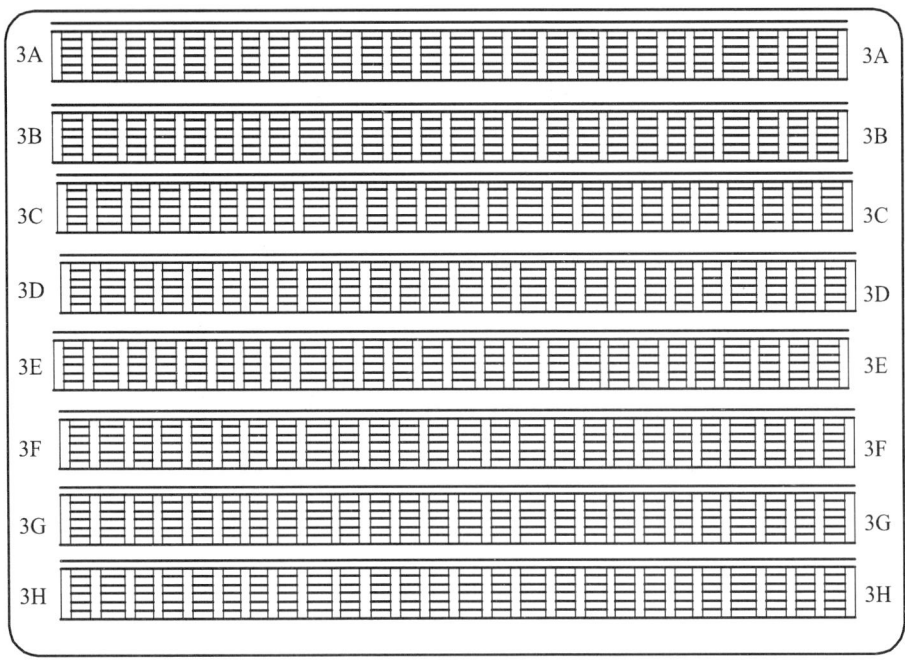

图 2-1-6 集装箱码头场箱位示意图

4. 用 F3 飞行视角进入漫游场景，观察港口地面个区域的文字标识，在下图归纳总结出场箱位的编码规则,并在图 2-1-7 中绘制出港口各功能区域的布置图。

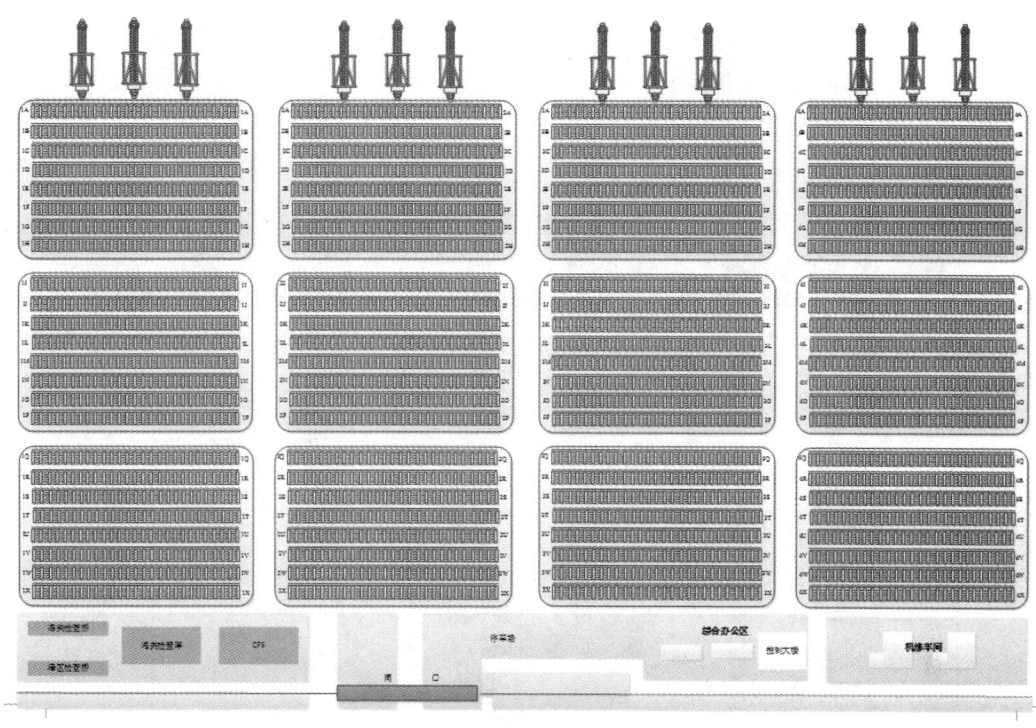

图 2-1-7 港口各功能区域布置图

5. 认真观察下列清单中港口各种设备的规模数量,并将观察结果记录在表 2-1-1 港口设施设备及规模调研表中。

表 2-1-1 设施设备及规模调研表

调查问题	调查结果	备注
集装箱岸边起重机(岸桥)		分别为
轮胎式龙门起重机(龙门吊/场吊)		分别为
内部集卡车		
外部集卡车		
集装箱		
集装箱船舶		
泊位		
闸口		
场箱位		
岗位角色		

6. 作业成本调研。

在"主页"选择"考核评价"→"仿真评分标准"→"项目成本"→"虚拟集装箱港口

运营",查看港口部分项目成本,如图 2-1-8、2-1-9 所示。

图 2-1-8　仿真评分标准

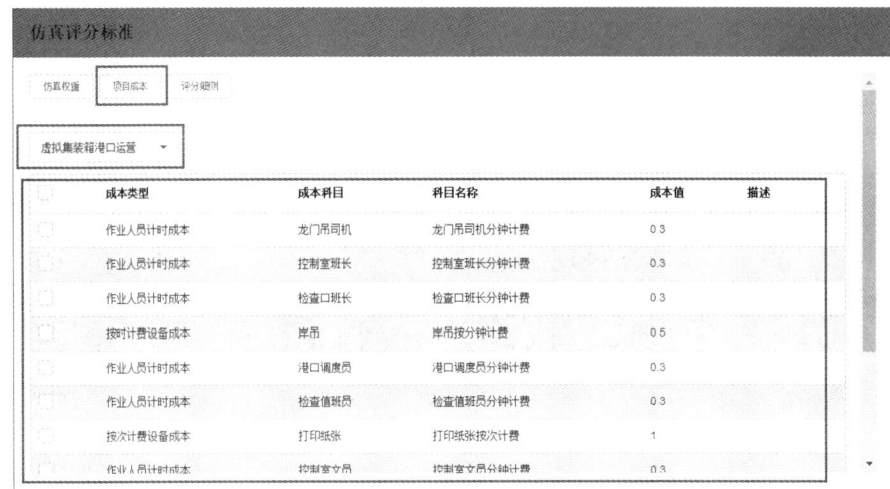

图 2-1-9　项目成本

7. 泊位调研。

进入船舶管理系统,点击"船舶航次"→"泊位计划",查看泊位情况,如图 2-1-10 所示。

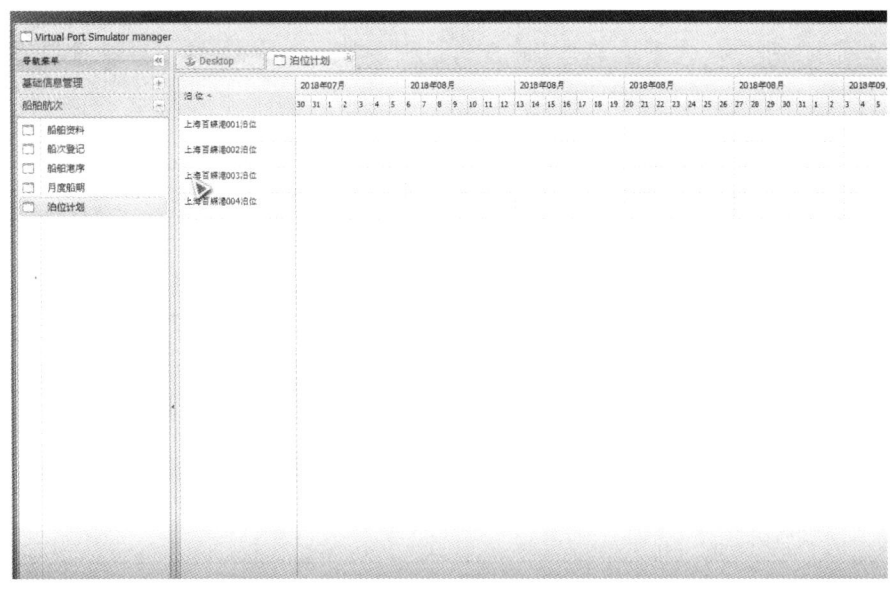

图 2-1-10　泊位调研

任务二　集装箱港口装船作业方案实施

【知识目标】

1. 掌握利用船舶管理系统，完成出口舱单、出口箱进场计划、船舶配载、船舶航次等操作。
2. 了解船舶中控调度、作业调度、船贝位调度、集卡调度等操作集装箱港口设施设备、场区集装箱堆放情况、集装箱港口泊位情况。
3. 了解集装箱港口作业岸桥司机、龙门吊司机、内集卡司机、堆场指挥员等岗位职责。

【技能目标】

1. 能够使用集装箱码头机械设备准确高效为船舶装载集装箱。
2. 能够根据轮船预配船图制作装船计划和船舶实配图。

【素养目标】

1. 培养学生协调和沟通能力，强化团队合作意识。
2. 培养学生岗位责任意识，守好一个岗，"种好责任田"。

任务描述

"兴达"号集装箱船舶隶属于 BD 远洋运输集装箱有限公司，2018 年 1 月 5 日，"兴达"号靠泊 BD 港集装箱港口，作为 BD 港的一名码头堆场工作人员，你该如何做好机械设备调度并高效准确地为该船装载集装箱呢？

其中，集装箱装船明细如表 2-2-1 所列。

表 2-2-1　装船作业信息表

箱号	船名	船期	进场要求	箱型/尺寸	备注	卸货港	重量/t
CCLU7983504	兴达	1月5日	1月2日 10:00—1月2日 23:00	20GP		宁波	15
OOCU2050188	兴达	1月5日	1月1日 6:00—1月2日 22:00	40GP		洛杉矶	19
COSU8849783	兴达	1月5日	1月3日 16:00—1月3日 22:00	40GP		奥克兰	20

任务准备

1. 根据"兴达"号轮船预配船图制作装船计划，在这些贝位中存放的都是普通集装箱，根据堆场计划编制船舶实配图。（要求画出 01 贝位和 04 贝位的实配图）（由于船舶贝位较多，在这些贝位中存放的都是普通集装箱，此处设定：20 英尺集装箱安排在 01 贝位，40 英尺集装箱安排在 04 贝位）

2. 根据装船集装箱的数量、分布位置以及船舶停靠的泊位安排合适的岸桥，根据堆场计划安排合适的龙门吊，根据集装箱的装船数量安排合适的集卡车作业，并写出设备编号或车牌号。

注：由于本航次船舶装卸量巨大，故只需对装卸船信息列表中的集装箱进行装卸船，其他集装箱由装卸船系统自动完成。

任务实施

1. 在"课程内容"中选择课程"子项目五　装船作业方案设计与实施"→"任务二　装船作业方案实施"，在右侧选择"装船作业方案实施（教师演示）"，点击"进入任务"，任务角色选择"港口调度员"，点击"确定"后进入 3D 仿真场景。

2. 人物出现在中控室，走近电脑，根据提示按 Alt 键操作电脑。

3. 打开虚拟电脑界面上的船舶管理系统，依次选择"出口集港及装船"→"出口箱复核"，在下拉列表中选择航次，勾选舱单信息，点击"复核"→"提交"，如图 2-2-1 所示。（注：教师在教师端已经录入出口舱单及出口箱进场计划，从第三步出口箱复核开始操作）

4. 点击"预配船图"，选择"出口航次"，选择"宁波"卸货港，在"船图：侧截面图预览"上选择 D01 部分（预配 20 英尺集装箱），然后在"船贝位信息"选择空白位置进行预配，预配成功会变成方框 5，点击"保存"，如图 2-2-2 所示。

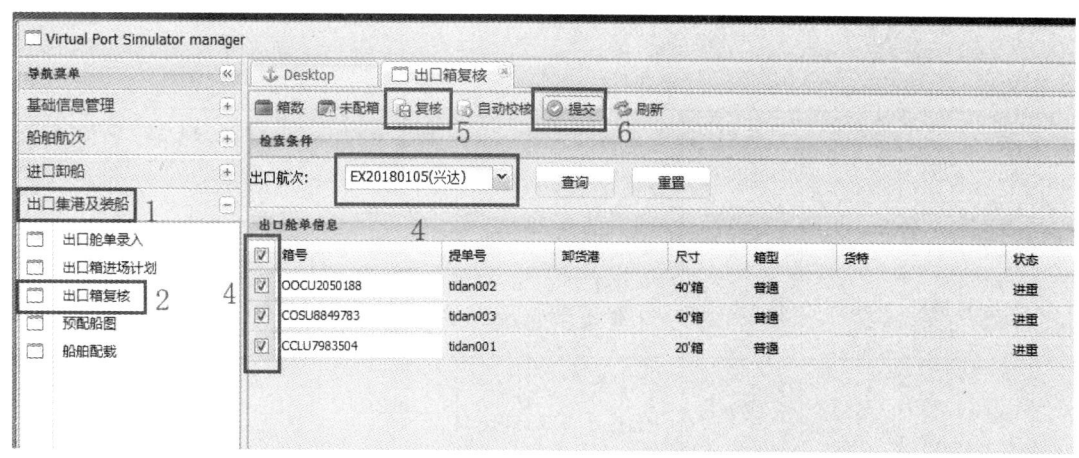

图 2-2-1　出口箱复核

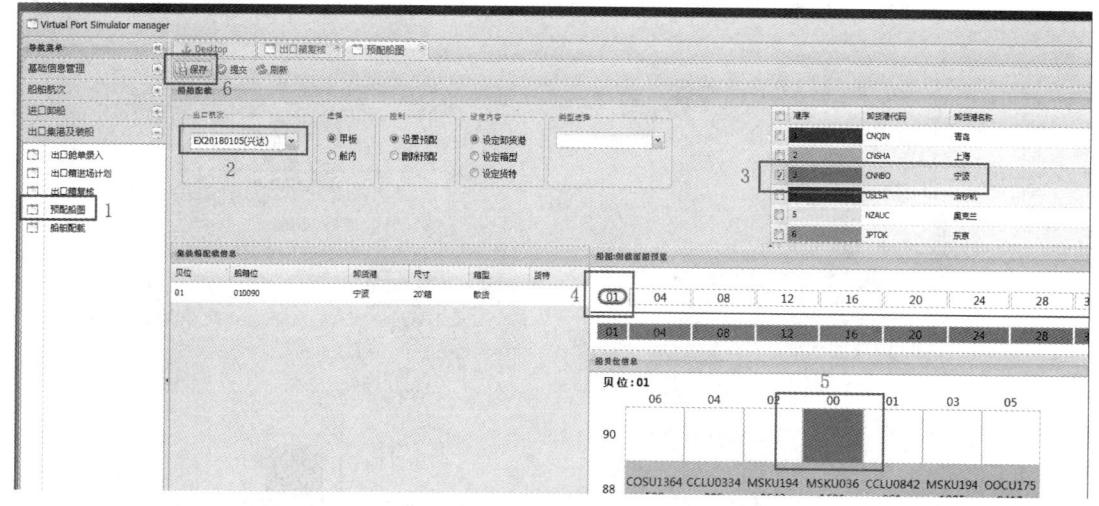

图 2-2-2 宁波预配船图（20 英尺集装箱）

5. 选择"奥克兰"卸货港，在"船图：侧截面图预览"上选择 D04 部分（预配 40 英尺集装箱），然后在"船贝位信息"选择空白位置进行预配，预配成功会变成方框 3，点击"保存"，如图 2-2-3 所示。

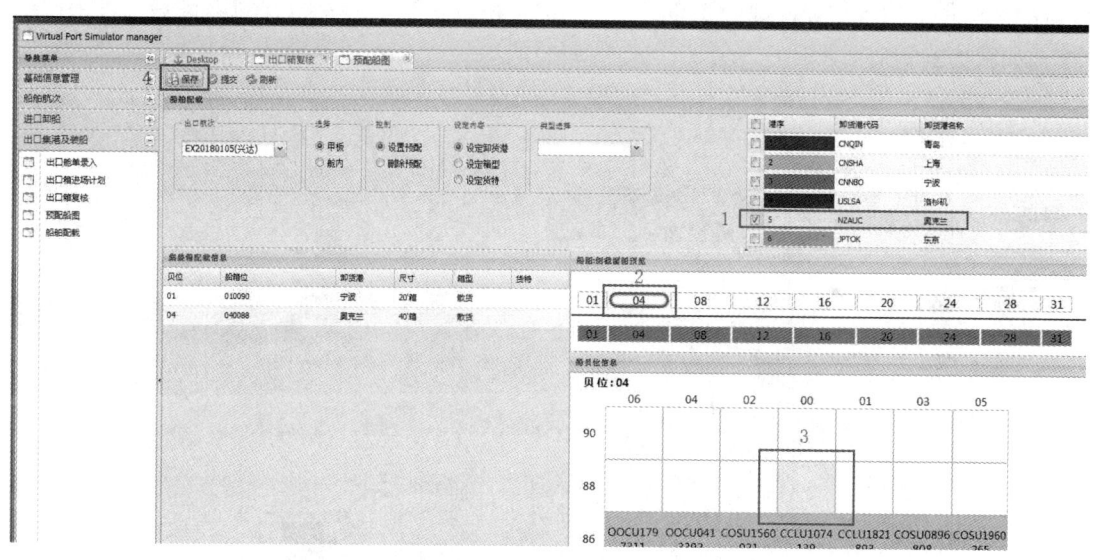

图 2-2-3 奥克立预配船图（40 英尺集装箱）

6. 选择"洛杉矶"卸货港，在"船图：侧截面图预览"上选择 D08 部分（预配 40 英尺集装箱），然后在"船贝位信息"选择空白位置进行预配，预配成功会变成方框 3，点击"保存"→"提交"，如图 2-2-4 所示。

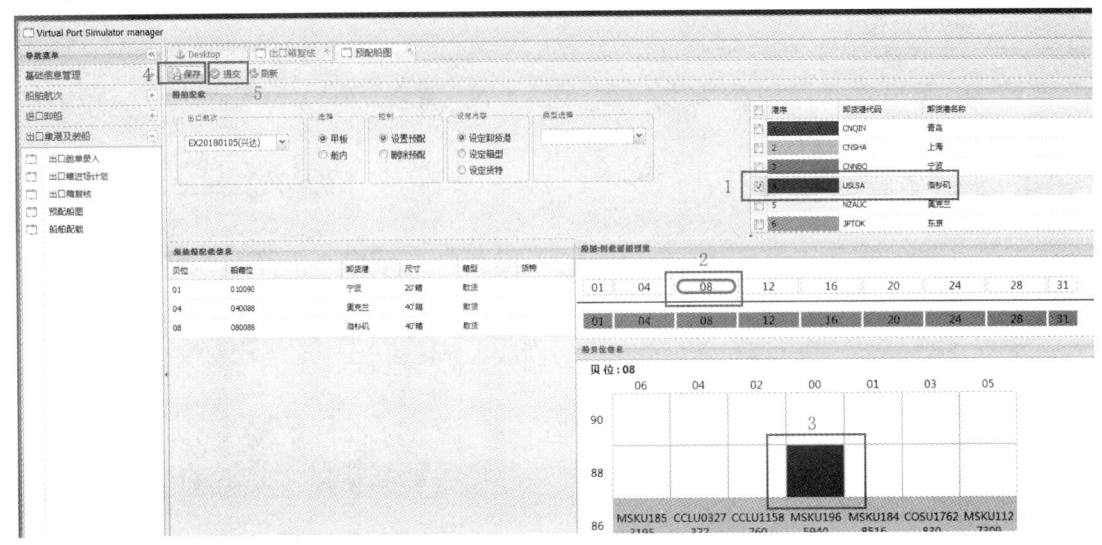

图 2-2-4　洛杉矶预配船图（40 英尺集装箱）

7. 点击"船舶配载"，选择"出口航次"，选择"厦门"卸货港，选择"20 英尺集装箱"并勾选，在"船图：侧截面图预览"上选择图 2-2-5 中方框 5 标注的 D01 部分，然后在"集装箱配载信息"选择需要配载的集装箱，在"船贝位信息"点击方框 7 进行配载，点击"保存"，如图 2-2-5 所示。

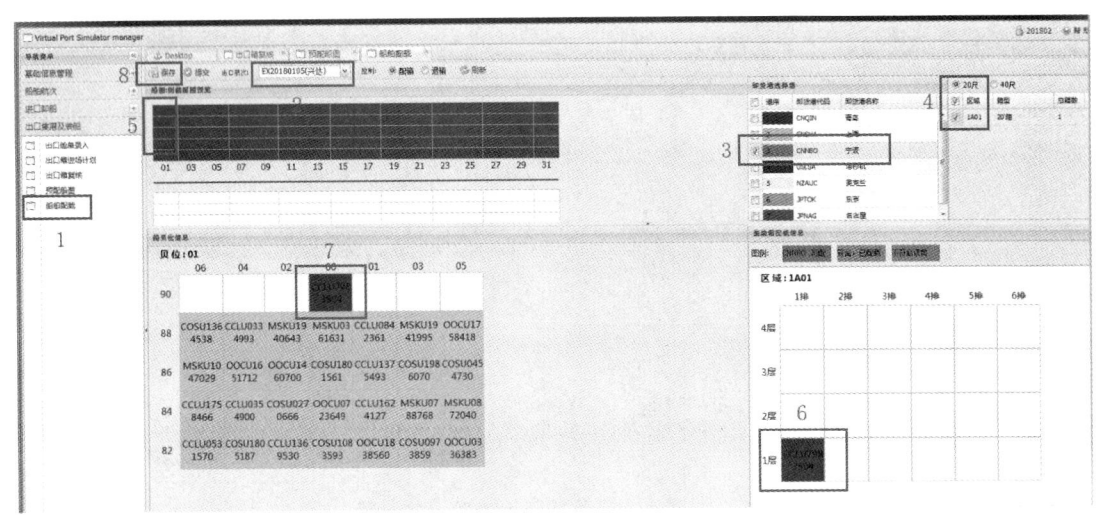

图 2-2-5　船舶配载（20 英尺集装箱）

8. 选择"40 英尺集装箱"并勾选，在"船图：侧截面图预览"上选择图 2-2-6 中方框 5 标注的 D04 部分，然后在"集装箱配载信息"选择需要配载的集装箱，在"船贝位信息"点击方框 6 进行配载，点击"保存"，如图 2-2-6 所示。

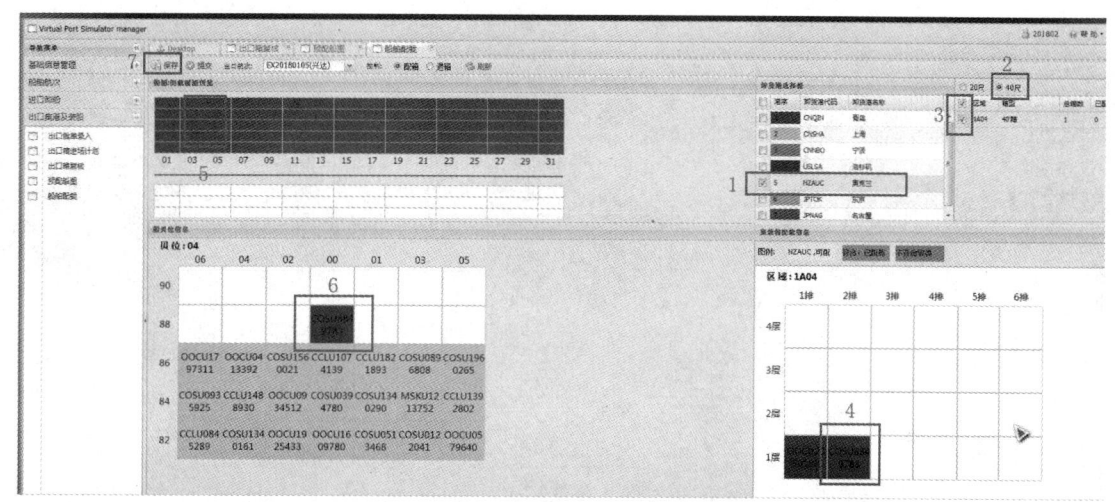

图 2-2-6 船舶配载（40 英尺集装箱）

9. 选择"40 英尺集装箱"并勾选，在"船图：侧截面图预览"上选择图 2-2-7 中方框 4 标注的 D08 部分，然后在"集装箱配载信息"选择需要配载的集装箱，在"船贝位信息"点击方框 5 进行配载，点击"保存"→"提交"，如图 2-2-7 所示。

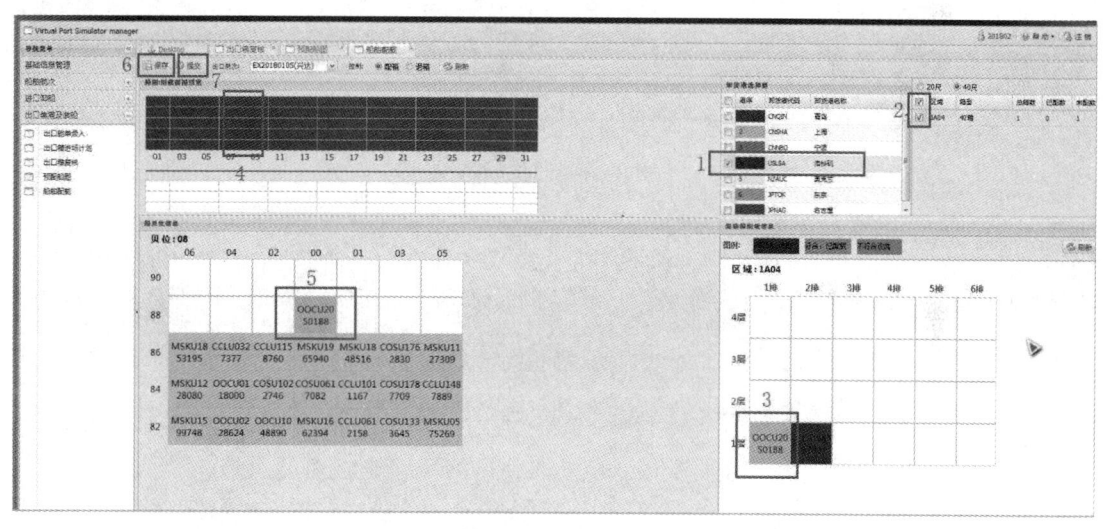

图 2-2-7 船舶配载（40 英尺集装箱）

10. 点击"船舶航次"→"月度船期"→"新增"，带星号的为必填项，点击"保存"，如图 2-2-8 所示。点击"泊位计划"，选择 001 泊位，选择"计划抵港与离港时间"，选择好以后会出现方框 3，双击鼠标左键打开方框 3，选择"船期"→"保存"→"提交"，如图 2-2-9 所示。

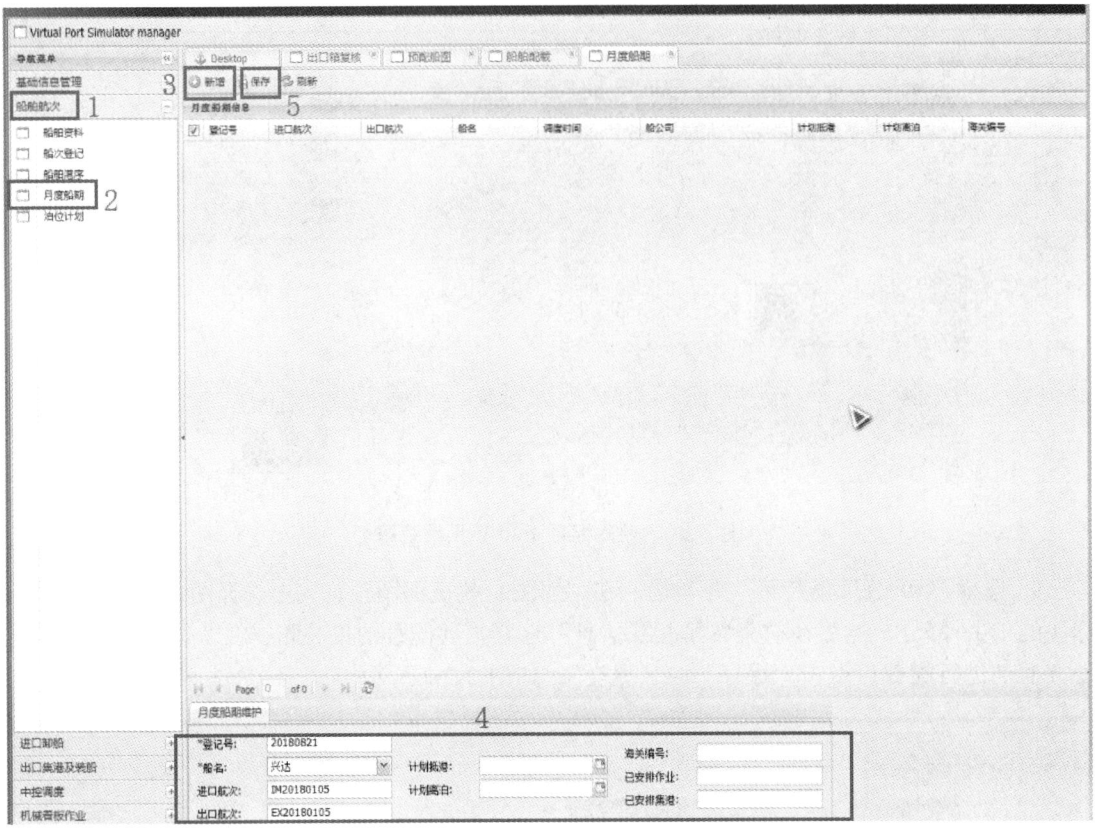

图 2-2-8　月度船期

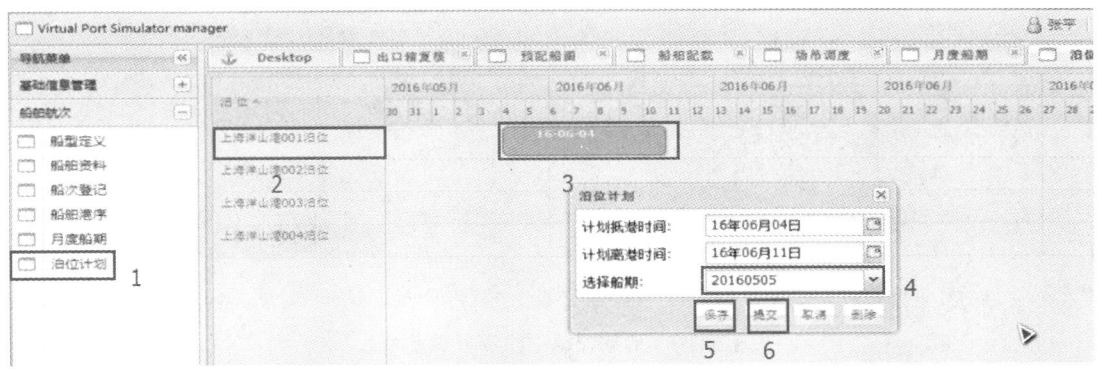

图 2-2-9　泊位计划

11. 点击"中控调度"→"作业线调度"→"航次",在"船贝位调度"中选择 D01 和 D04 部分(因为前面船图配载的时候选中的这两个),选择成功后会变成方框 5,在"岸吊调度一览"中选择 Q01 部分,选择成功后会出现方框 4,然后再点击"保存"→"提交",如图 2-2-10 所示。

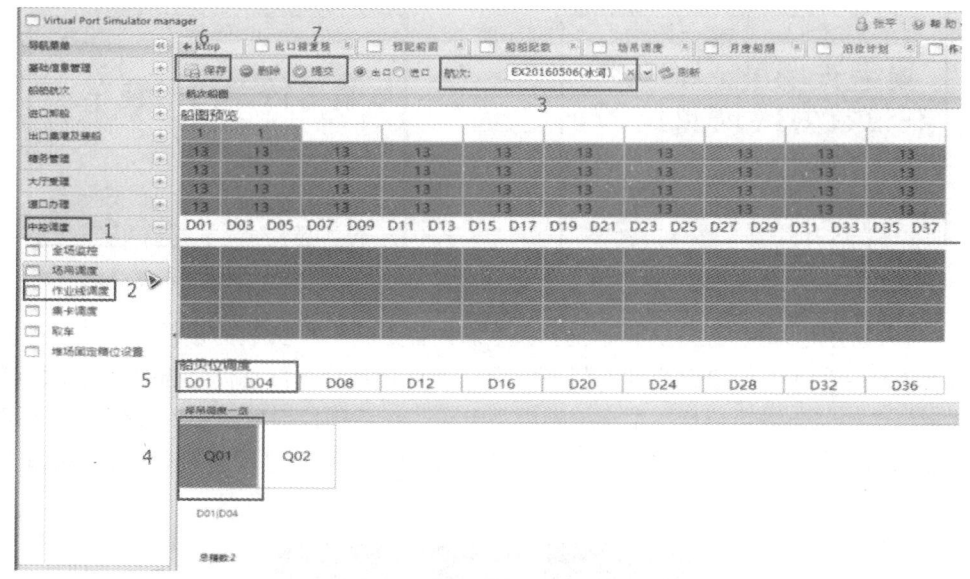

图 2-2-10 作业线调度

12. 点击"集卡调度",勾选"作业路信息"Q01,点击"要箱车辆"下面的数量部分,然后会在页面底部出现集卡信息,选中集卡数量进行安排(选中数量不得超过最大集卡数),点击"保存"→"提交",如图 2-2-11 所示。

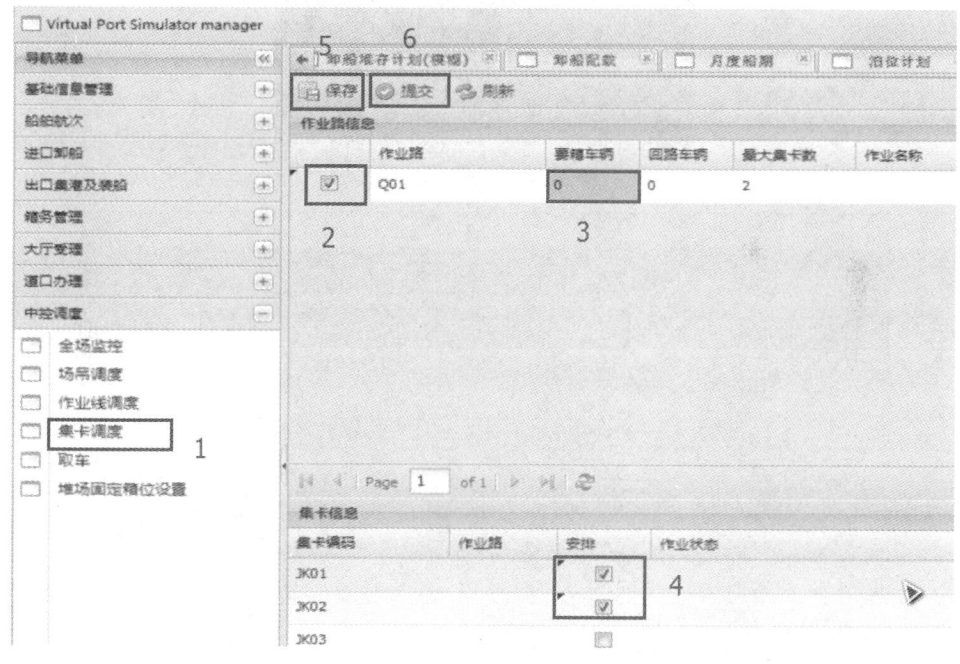

图 2-2-11 集卡调度

13. 按 Alt 键退出虚拟电脑,点击 将人物角色切换为"内集卡司机"。走近内集卡车,按 Alt 键上车,点击"开始作业",会接到场吊及位置的指示,按 T 键挂挡,驾驶内集卡车去 1A07,如图 2-2-12 所示。内集卡车行驶至 L01 场吊下,点击"就绪",如图 2-2-13 所示。

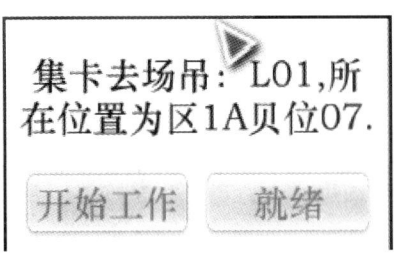 

图 2-2-12　集卡开始工作　　　　　　　图 2-2-13　集卡就绪成功

14. 将人物角色切换为"龙门吊司机",控制人物走到 L01 旁边的楼梯,按 Alt 键操作场吊,如图 2-2-14 所示。按 P 键启动龙门吊电源,按 Q 键进行选位,首先选中"转船发箱"→"查询",勾选在"出口箱信息"中选中的内集卡车,在"区位剖面图"中选择第一排第一层的集装箱,然后点击"选位"→"提交",选位成功后该集装箱会呈黄色高亮显示,如图 2-2-15 所示。

图 2-2-14　操作龙门吊

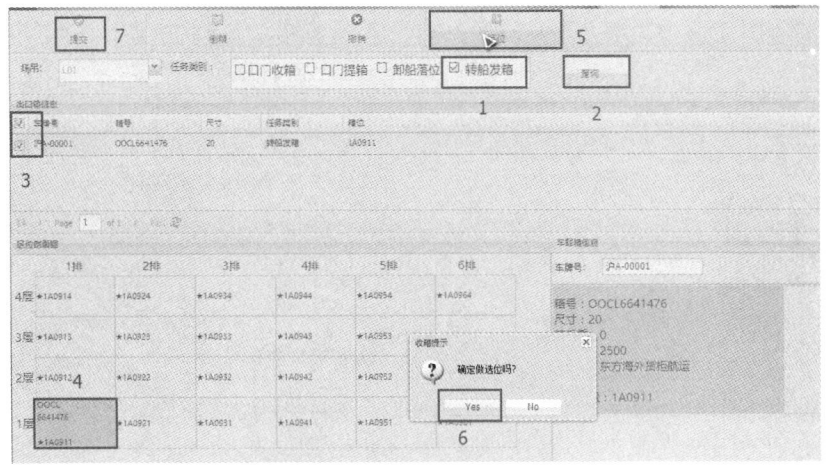

图 2-2-15　龙门吊选位信息操作

15. 按↑↓键进行吊具的上升和下降,调整吊具对准黄色高亮显示的箱子(按 E 键可以控制调整的速度,再次按 E 键可以恢复至调整前的速度),调整位置至着床灯亮起,着床灯变为黄色时按 5 键进行开锁,如图 2-2-16~2-2-19 所示。吊好箱子,按 6 键闭锁,然后吊起箱子至内集卡车上，如图 2-2-20 所示。调整吊具将箱子对准内集卡车，当着床灯亮起时开锁，放好箱子后按↑键升起吊具。

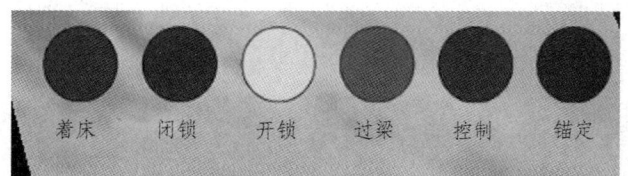

图 2-2-16　开始状态

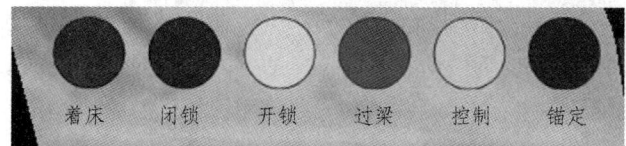

图 2-2-17　按 T 键控制龙门吊

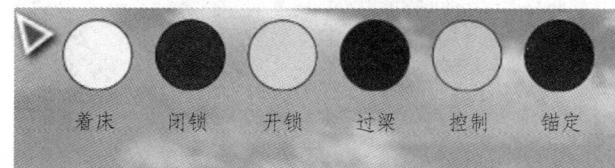

图 2-2-18　着床成功

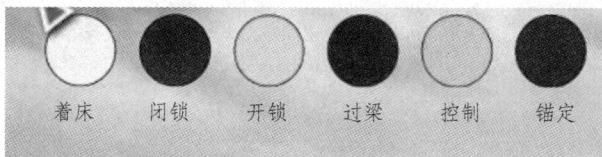

图 2-2-19　开锁成功

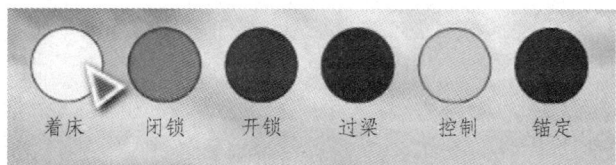

图 2-2-20　闭锁成功

16. 将人物角色切换为"内集卡司机"，根据车辆信息提示，驾驶车辆至岸桥 Q01，如图 2-2-21 所示。将内集卡车驾驶至岸桥 Q01 下，点击"就绪"，如图 2-2-22 所示。按 Alt 键结束集卡操作。

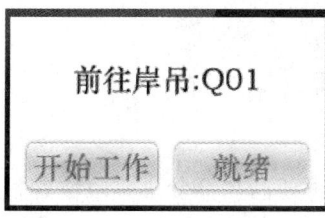

图 2-2-21　集卡车作业提示

图 2-2-22　集卡车就绪

17. 内集卡司机下车后,将人物角色切换为"岸桥司机",来到 Q01 号岸桥下,看到有一集装箱已经运到岸桥下等待装船。按 Alt 键操作岸桥,如图 2-2-23 所示。按 P 键启动岸桥电源,按 Q 键进行选位,首先在"出口箱信息"勾选集卡信息,在"船贝位信息"选择预配好的方框 2,最后点击"选位",如图 2-2-24 所示。

图 2-2-23 岸桥操作

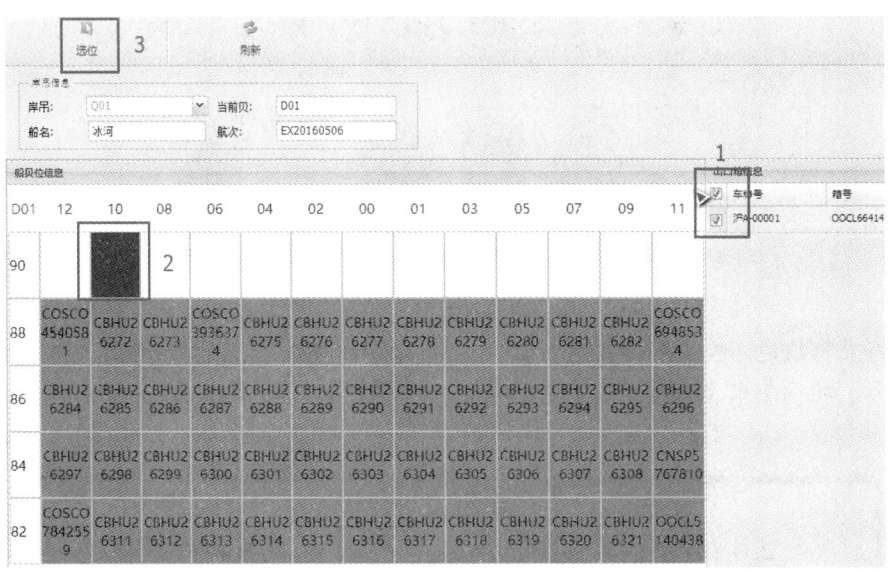

图 2-2-24 装船选位操作

18. 按↑键升起吊具,将集卡车上的集装箱吊至船上黄色高亮部分,调整位置,当着床灯亮起时,将箱子放入阴影区域中,然后开锁升起吊具,如图 2-2-25 所示。

- 34 -

图 2-2-25　集装箱装船操作

19. 将人物角色切换为"堆场指挥员",按 Q 键打开 PDA,选择"装船作业",在下拉列表中选择岸吊 Q01 以及箱号 OOCL6641476,点击"确定",如图 2-2-26、2-2-27 所示。按 Q 键收起 PDA。

图 2-2-26　PDA 装船作业

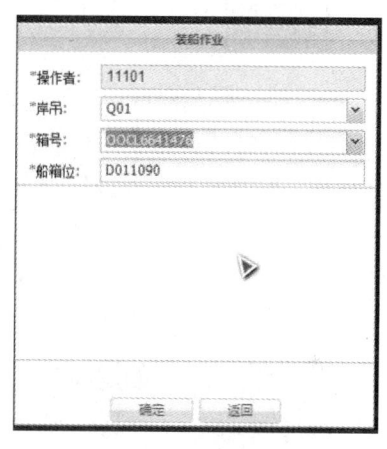

图 2-2-27　PDA 装船作业信息

20. 将人物角色切换为"内集卡司机",将内集卡车开回原位,然后驾驶另一辆内集卡车,进行 40 英尺集装箱的装船作业,按 Alt 键上车,点击"开始作业",会接到场吊及位置的指示,按 T 键挂挡,驾驶内集卡车去 1A10,如图 2-2-28 所示。内集卡车行驶至 L01 场吊下,点击"就绪",如图 2-2-29 所示。

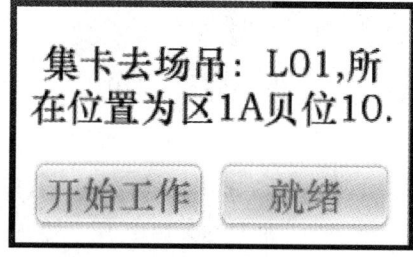

图 2-2-28　集卡开始工作

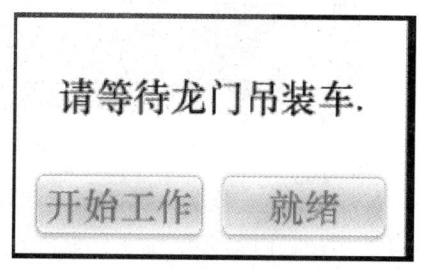

图 2-2-29　集卡就绪成功

21. 将人物角色切换为"龙门吊司机",控制人物走到 L01 旁边的楼梯,按 Alt 键操作场吊。按 P 键启动龙门吊电源,按 Q 键进行选位,首先选中"转船发箱"→"查询",在"出口箱信息"中勾选相应的内集卡车,在"区位剖面图"中选择第一排第一层的集装箱,然后点击"选位"→"提交",选位成功后该集装箱会呈黄色高亮显示,如图 2-2-30 所示。

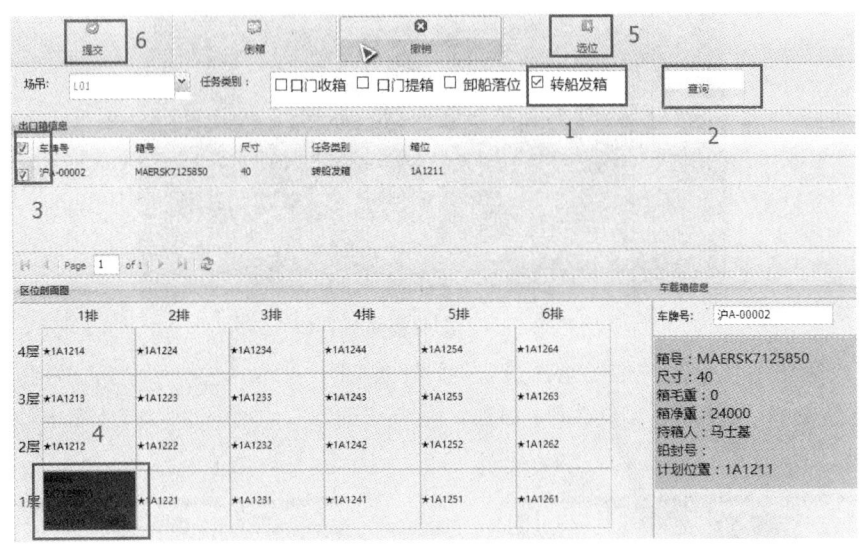

图 2-2-30 场吊选位信息

22. 按↑↓键进行吊具的上升和下降,调整吊具对准黄色高亮显示的箱子(按 E 键可以控制调整的速度,再次按 E 键可以恢复至调整前的速度),按 O 键,吊具将在 20 英尺和 40 英尺之间切换,如图 2-2-31 所示。调整位置至着床灯亮起,着床灯变为黄色时按 6 键进行开锁,吊好箱子,闭锁,然后吊起箱子至内集卡车上方,调整吊具将箱子对准内集卡车,当着床灯亮起时开锁,放好箱子后升起吊具。

图 2-2-31 不同尺寸吊具切换

23. 将人物角色切换为"内集卡司机",根据车辆信息提示,驾驶车辆驶向岸桥 Q01,如图 2-2-32 所示。将内集卡车驾驶至岸桥 Q01 下,点击"就绪",如图 2-2-33 所示。按 Alt 键结束集卡车操作。

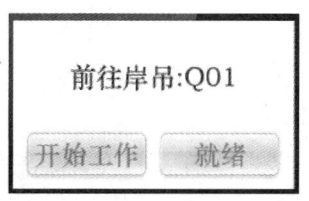
图 2-2-32 集卡车作业提示

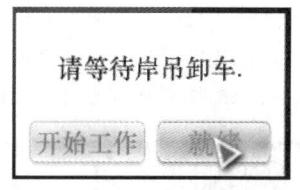
图 2-2-33 集卡车就绪

24.内集卡司机下车后,将人物角色切换为"岸桥司机",来到 Q01 号岸桥下,按 Alt 键操作岸桥,然后按 P 键启动岸桥电源,按 Q 键进行选位,首先在"出口箱信息"勾选相关集卡信息,在"船贝位信息"选择预配好的方框 2,最后点击"选位",如图 2-2-34 所示。

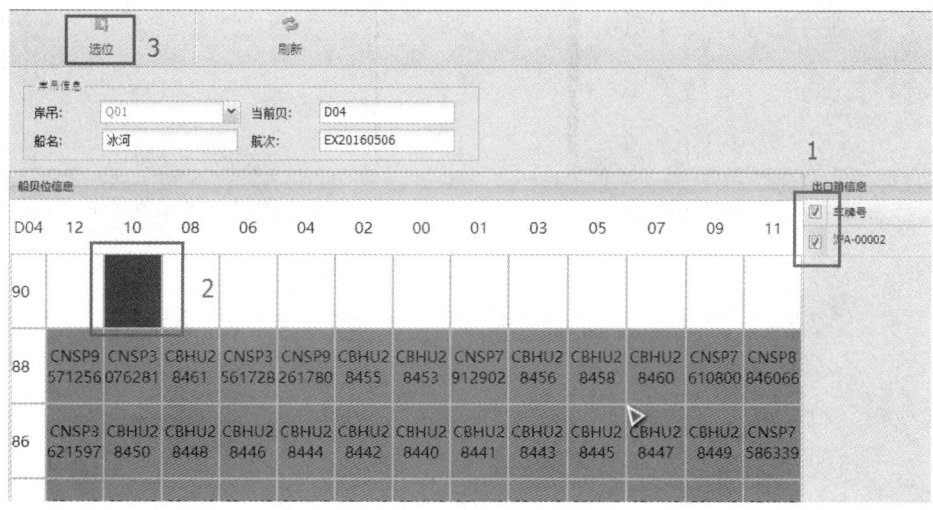
图 2-2-34 岸桥装船选位操作

25. 按↑键升起吊具,将集卡车上的集装箱吊至船上黄色高亮部分,调整位置,当着床灯亮起时,将箱子放入白色方框内,然后开锁升起吊具,如图 2-2-35 所示。

图 2-2-35 集装箱装船操作

26. 将人物角色切换为"堆场指挥员",按 Q 键打开 PDA,选择"装船作业",在下拉列表中选择岸吊 Q01 以及箱号 MAERSK7125850,点击"确定",如图 2-2-36、2-2-37 所示。按 Q 键收起 PDA,将集卡车开回集卡调度区,装船作业完毕。

图 2-2-36　PDA 装船作业　　　　　　图 2-2-37　PDA 装船作业信息

项目三

集装箱出口作业

任务一　集装箱出口业务流程

【知识目标】

1. 了解堆场集装箱箱位识别方法。
2. 了解集装箱出口业务流程以及涉及的操作。

【技能目标】

1. 掌握集装箱出口常用设施设备操作方法。
2. 了解船舶配载、集装箱配载、集卡调度等操作步骤。

【素养目标】

1. 培养学生螺丝钉般的钻研精神，反复练习掌握集装箱设备操作方法。
2. 培养学生全局考虑问题的能力，全面了解集装箱出口流程。

任务描述

在码头工作中，出口货物是常见的工作，而集装箱也是常用的设备，王×需要明白集装箱出口业务流程，同时需要了解出口业务涉及的操作系统，并且需要熟悉系统的操作步骤。王×决定以某一集装箱货物的出口业务为例，完成一次操作流程。

任务准备

集装箱出口流程图如图 3-1-1 所示。

任务实施

1. 使用自己的账号进行登录，进入系统后，选择"任务十五　集装箱码头出口作业管理"→"港口调度员"→"准备"→"开始"，进入 3D 虚拟场景。
2. 控制人物走近电脑，根据提示按 Alt 键操作电脑，打开虚拟电脑界面上的 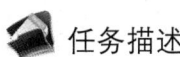 进入船舶管理系统。

3. 选择"船次登记",可以看到系统内已经录入的船次信息,如图 3-1-2 所示。

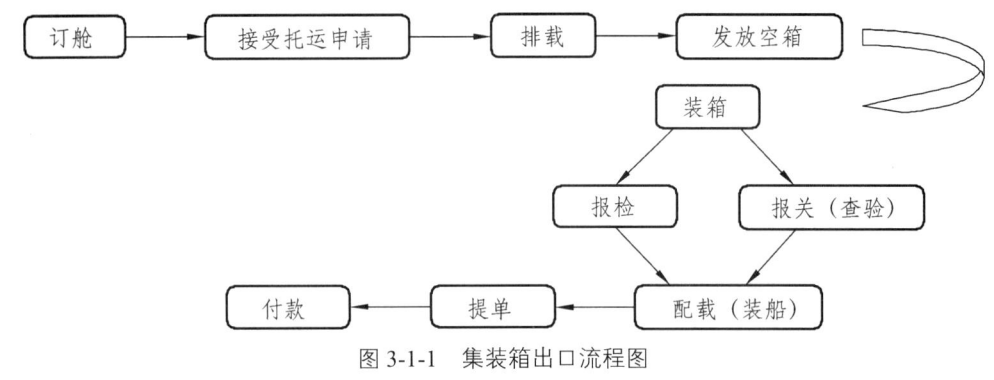

图 3-1-1　集装箱出口流程图

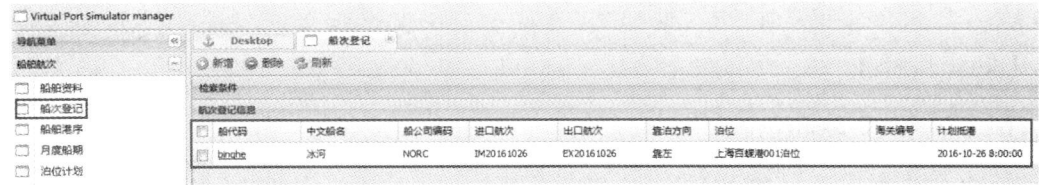

图 3-1-2　录入的船次信息

4. 选择"月度船期",在"月度船期维护"窗口中填写"登记号",选择"船名"信息后点击"保存",如图 3-1-3 所示。

图 3-1-3　安排月度船期

5. 选择"泊位计划",选择 001 泊位,按住鼠标左键选择"计划抵港与离港时间",选择好后会出现方框 3,点击鼠标左键打开方框 3,选择"船期"→"保存"→"提交",如图 3-1-4 所示。

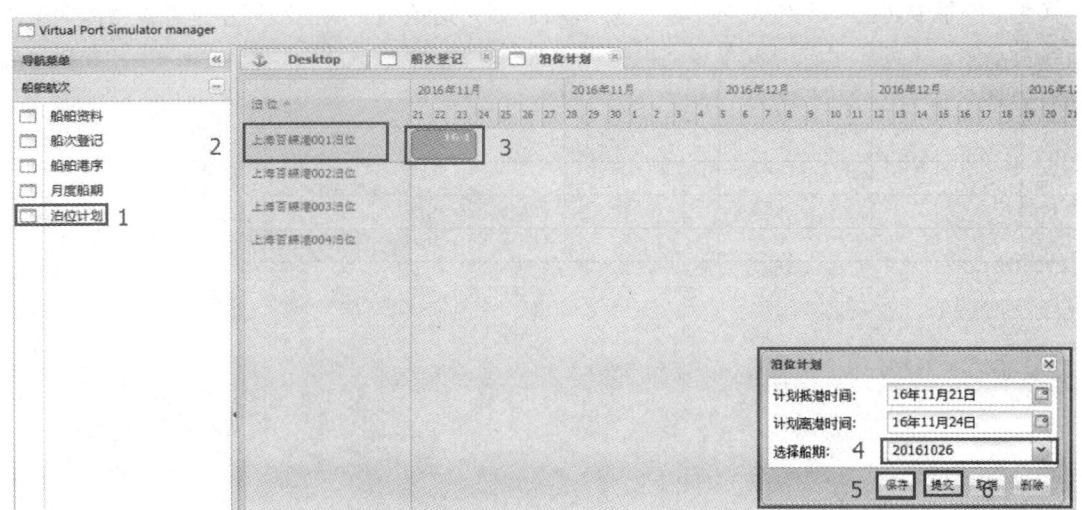

图 3-1-4　安排泊位计划

6. 选择"出口集港及装船"→"出口舱单录入"→"出口航次",在"出口仓单信息"勾选相关集装箱信息后点击"提交",如图 3-1-5 所示。

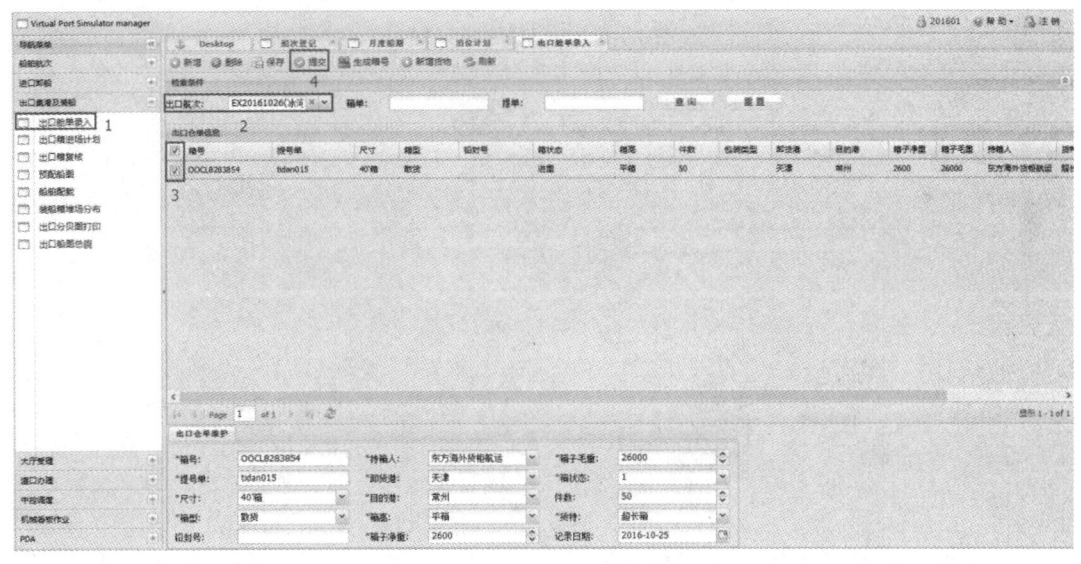

图 3-1-5　提交出口舱单

7. 点击"出口箱进场计划",选择"出口航次",点击"分类",勾选相应的船舶航次信息,在"箱区选择"窗口中选择 1A 箱区和 08 贝位(注意:20 英尺的箱子用奇数表示,40 英尺的箱子用偶数表示;红色位置表示已有箱子存放,空白位置表示目前没有箱子,都可以选择),然后点击"保存"→"提交",如图 3-1-6 所示。

8. 点击"中控调度",选择"场吊调度"→"场吊编码",点击"1A"区域,在调度区域出现"*1A"后点击"保存",如图3-1-7所示。

9. 按Alt键退出电脑操作,控制人物走到电梯口,按Alt键坐电梯下到一楼。将人物角色切换为"外集卡司机"后点击"确定",按M键打开传送地图,双击鼠标左键将人物传送至集装箱货运站,来到集卡公司取车点,根据提示按Alt键操作取车机,点击"取车",选择集装箱后确认"取车",如图3-1-8所示。

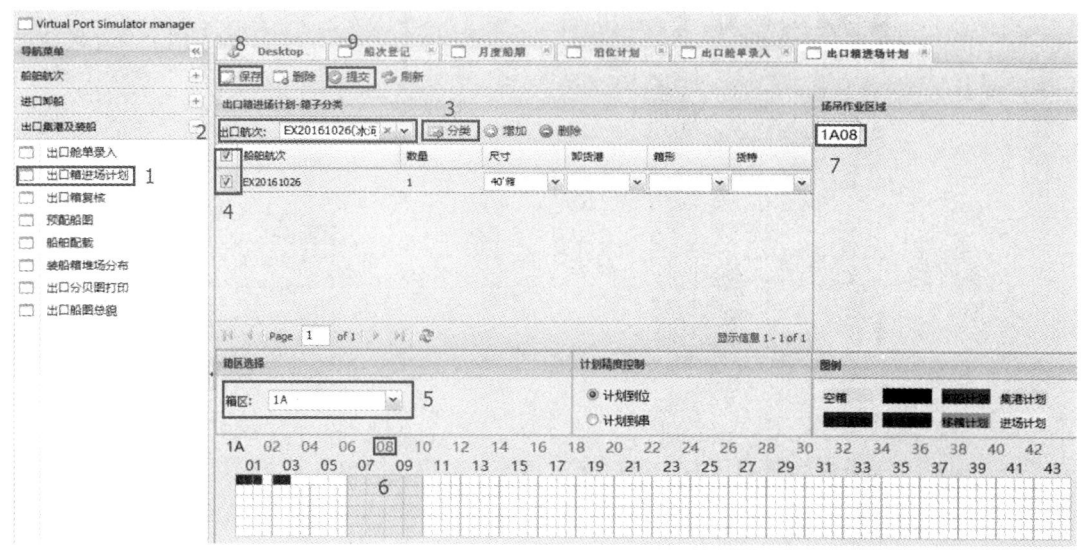

图 3-1-6　出口箱进场计划

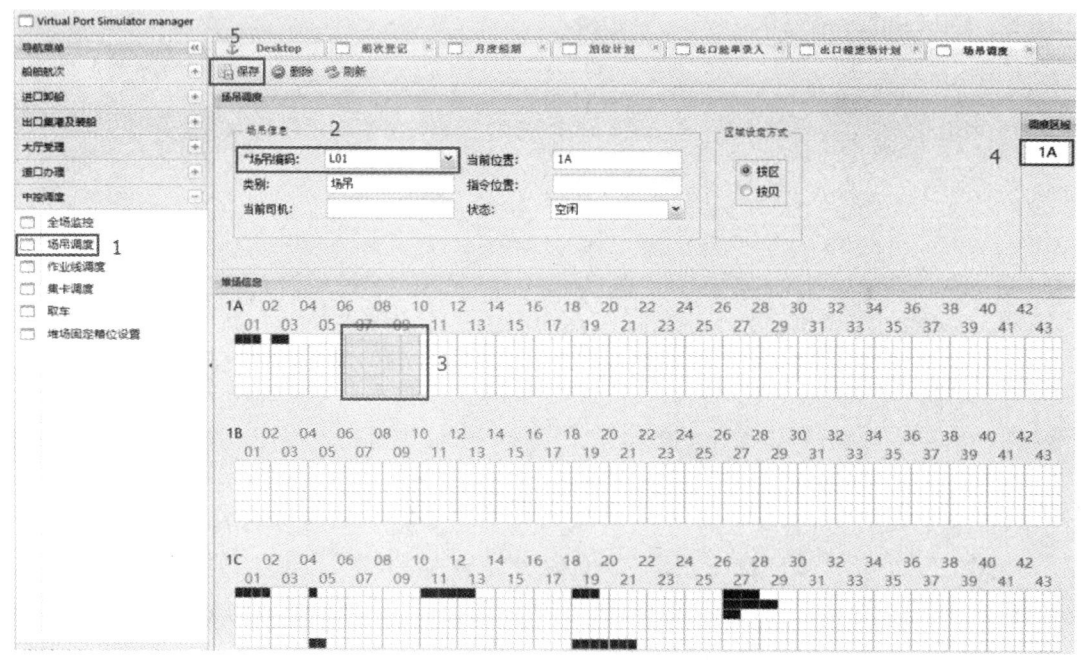

图 3-1-7　场吊调度

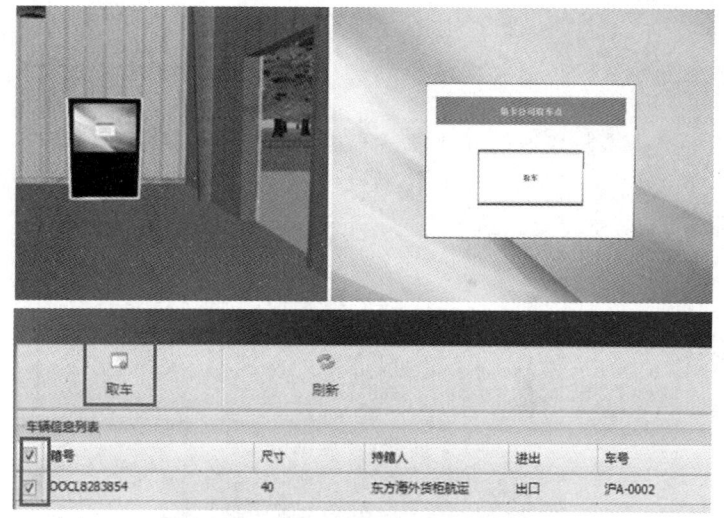

图 3-1-8 集装箱货运站取车

10. "外集卡司机"来到集装箱货运站的站台外面,会看到已经预约好的车辆,走进集卡车,按 Alt 键操作集卡车,按 T 键挂挡驾驶卡车出门左转去港口,如图 3-1-9 所示。

图 3-1-9 外集卡车

11. 驾驶车辆到港口外面,根据地面提示,选择 8 个进场通道中的任意一个,将外集卡车驾驶到闸口旁边,按 Alt 键下车,进入检查口办公室,根据提示按 Alt 键操作电脑,电脑上会显示集卡和集装箱信息,点击"确认",如图 3-1-10 所示。点击"查询",在"预约选箱确认"勾选相关集装箱信息,点击"开闸"→"打印小票",按 Alt 键退出电脑,在左边的打印机前面,根据提示按住 Ctrl 键的同时按鼠标左键拿出打印好的小票,如图 3-1-11、3-1-12 所示。

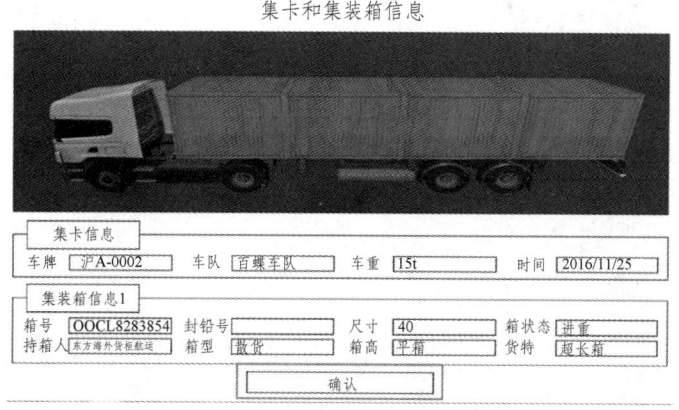

图 3-1-10 确认集卡和集装箱信息

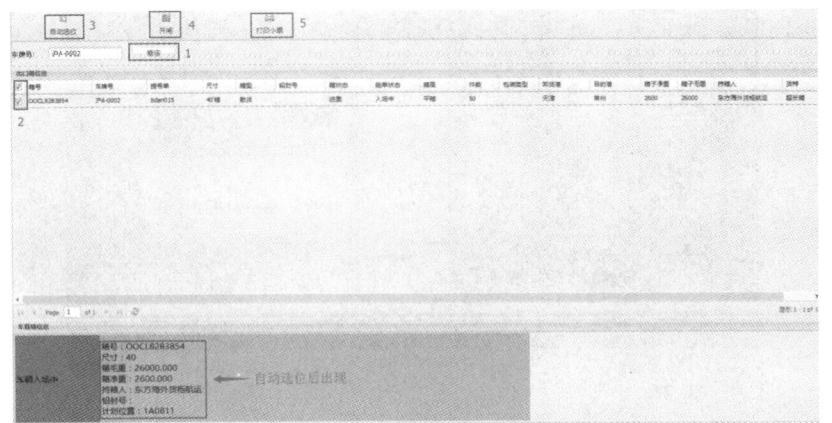

图 3-1-11 自动选位和开闸

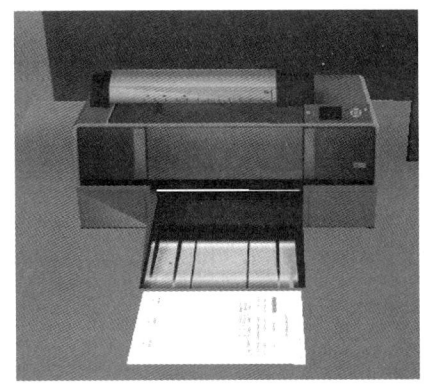

图 3-1-12 打印小票

12. 在任务栏中单击"打开单据",如图 3-1-13 所示。选择"收箱小票",双击打开收箱小票的详细信息查看集装箱场箱位置为"1A0811",如图 3-1-14 所示。然后在任务栏中单击"单据"按钮,收起单据。

图 3-1-13 打开单据

图 3-1-14 查看收箱小票

13. 按 Alt 键驾驶外集卡车去"1A0811"堆场，到达位置后按 Alt 键结束外集卡操作，将人物角色切换为"龙门吊司机"，按 Alt 键操作龙门吊，如图 3-1-15 所示。按 Q 键进行选位，勾选"门口收箱"，点击"查询"，在"出口箱信息"勾选相关集装箱信息，在"区位剖面图"选择"*1A0811"，然后再点击"选位"→"提交"，选位成功后该场箱位放箱子的位置会呈黄色高亮显示，如图 3-1-16 所示。

图 3-1-15　操作龙门吊

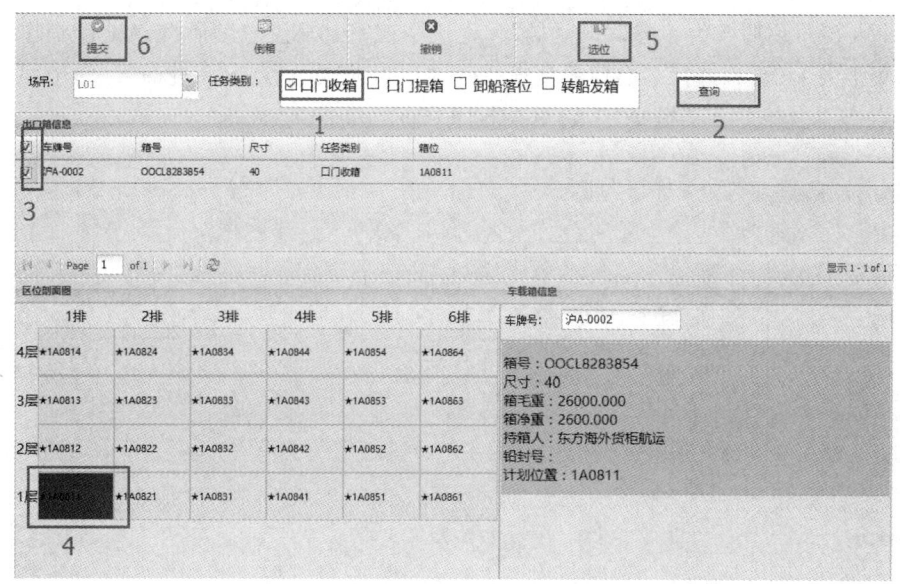

图 3-1-16　收箱选位

14. 按 A、D、W、S 键和键盘方向键操作龙门吊（龙门吊操作方法可参照任务二），将集装箱从集卡车上吊起放到"1A0811"堆场上（按 F1、F2、F3 切换视角，便于吊箱），如图 3-1-17、3-1-18 所示。然后将人物角色切换为"外集卡司机"，将外集卡车开回集装箱货运站。

图 3-1-17　吊起箱子

图 3-1-18　集装箱落座场箱位

15. 将人物角色切换为"港口调度员",走进中控室,靠近电脑后按 Alt 键操作电脑。点击"出口集港及装船",选择"出口箱复核"→"出口航次",点击"查询",勾选相应集装箱信息后,点击"复核"→"提交",如图 3-1-19 所示。

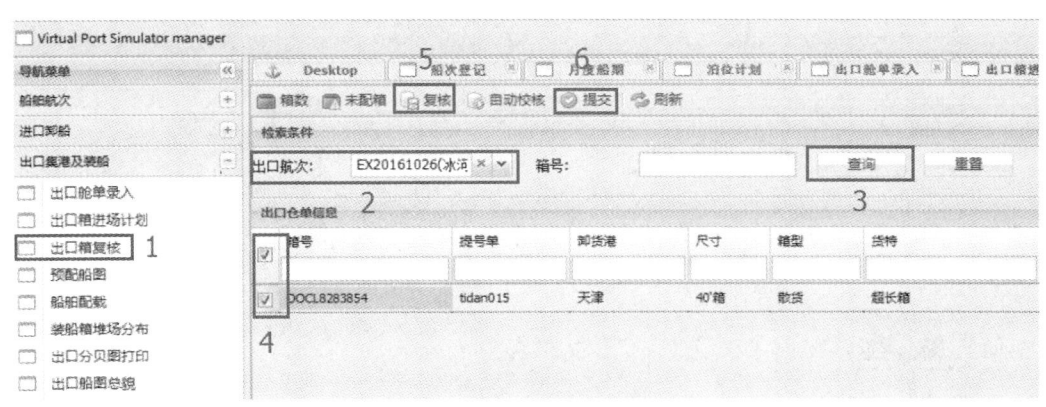

图 3-1-19　出口箱复核

16. 点击"预配船图",选择"出口航次",选择"天津"卸货港,在"船图:侧截面图预览"上选择 D04 部分,然后在"船贝位信息"选择空白位置进行预配,预配成功会变成方框 5,点击"保存"→"提交",如图 3-1-20 所示。

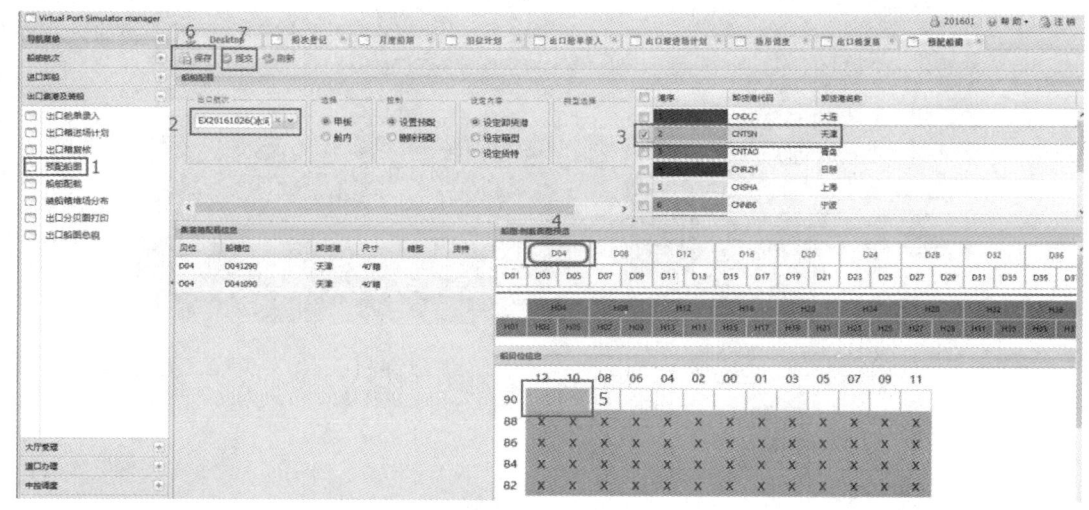

图 3-1-20　预配船图

17. 点击"船舶配载",选择"出口航次",选择"天津"卸货港,勾选相应的集装箱信息,在"船图:侧截面图预览"上选择图 3-1-21 中方框 6 标注的 D04 的灰色部分,然后在"集装箱配载信息"选择需要配载的集装箱,在"船贝位信息"点击方框 8 进行配载,最后点击"保存"→"提交",如图 3-1-21 所示。

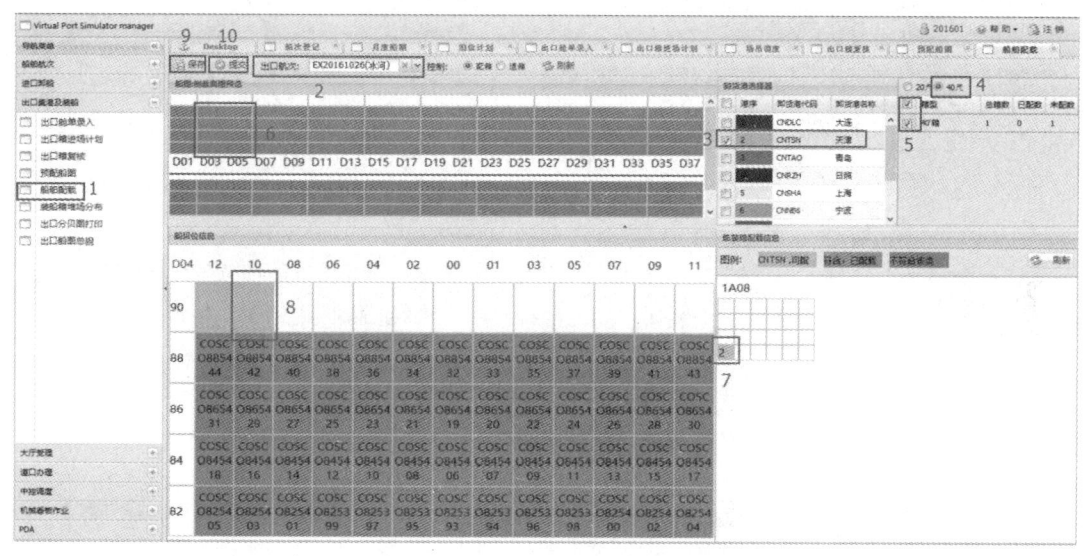

图 3-1-21　船舶配载

18. 选择"中控调度"→"作业线调度"→"航次",在"岸吊调度一览"窗口中选择"Q01"部分,选择成功后会变成方框 3,在"船贝位调度"选择 D04 部分,选择成功后会变成方框 4,再点击"保存"→"提交",如图 3-1-22 所示。

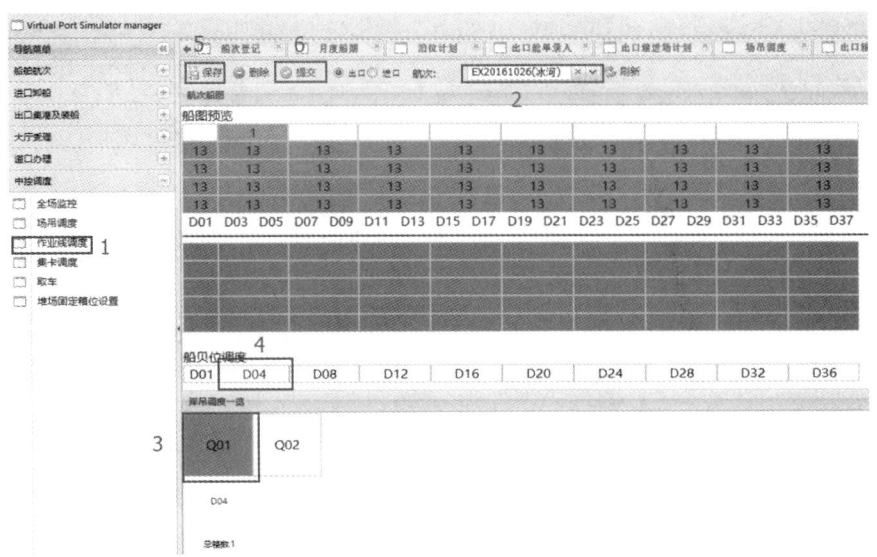

图 3-1-22　作业线调度

19. 选择"集卡调度",在"作业路信息"勾选"Q01",选择"要箱车辆"出现集卡信息,在"集卡信息"选择需要的内集卡车(所选车辆数不能大于最大集卡数),然后点击"保存"→"提交",如图 3-1-23 所示。

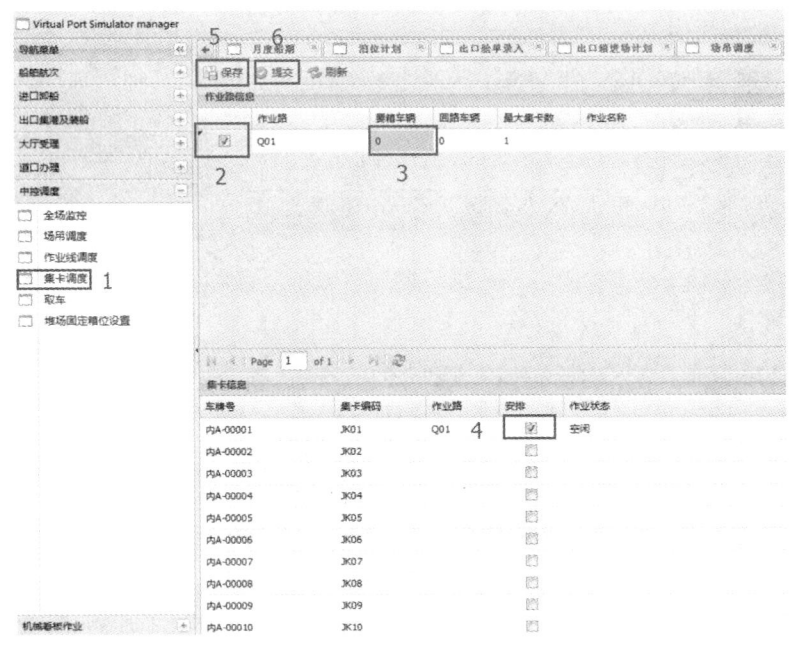

图 3-1-23　集卡调度

20. 按 Alt 键退出电脑操作,走进电梯下到一楼。将人物角色切换为"内集卡司机",走近内集卡车,按 Alt 键上车,点击"开始作业",会接到场吊及位置指示,按 T 键挂挡,驾驶内集卡车去"1A08",如图 3-1-24 所示。内集卡车行驶至 L01 场吊下,点击"就绪"后下车,如图 3-1-25 所示。

图 3-1-24　内集卡车"开始工作"

图 3-1-25　内集卡车"就绪"

21. 将人物角色切换为"龙门吊司机",控制人物走到"L01"旁边的楼梯,按 Alt 键操作场吊,进入控制室后按 Q 键进行选位,首先选择"转船发箱"→"查询",勾选"出口箱信息"中相应的内集卡车,在"区位剖面图"选择第一排第一层的集装箱,然后点击"选位"→"提交",选位成功后该集装箱会呈黄色高亮显示,如图 3-1-26 所示。

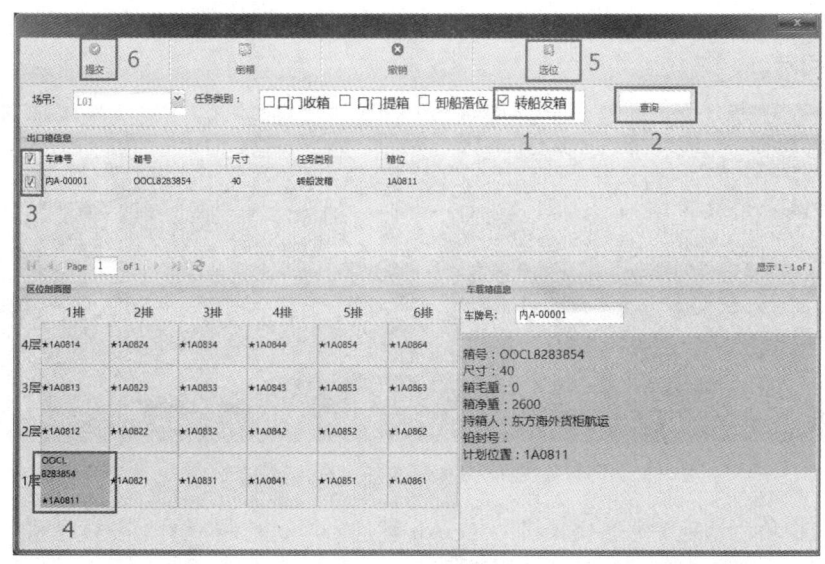

图 3-1-26　集装箱选位

22. 按照任务二中的操作方法，吊起集装箱放于内集卡车上，放好箱子后升起吊具至安全位置后，按 Alt 键退出操作，如图 3-1-27、3-1-28 所示。

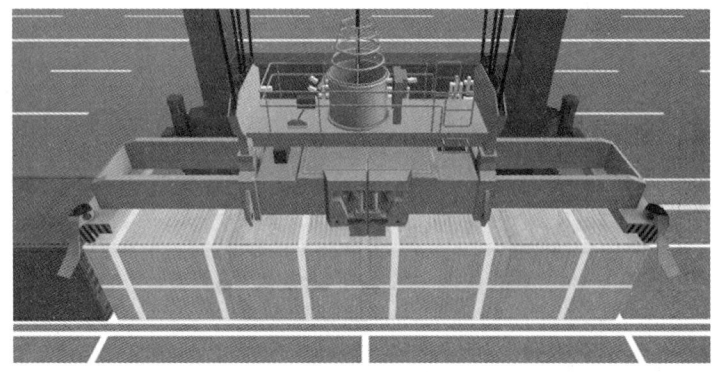

图 3-1-27　吊起集装箱

图 3-1-28　集装箱放于内集卡车上

23. 将人物角色切换为"内集卡司机"，将车辆开至岸吊 Q01 处，点击"就绪"后下车，如图 3-1-29 所示。

图 3-1-29　集卡车开至"Q01"处

24. 将人物角色切换为"岸桥司机"，按 Alt 键进入岸桥控制室中，按 Q 键进行选位操作，勾选"出口箱信息"，选择"船贝位信息"中的方框 2，然后点击确认"选位"，如图 3-1-30 所示。

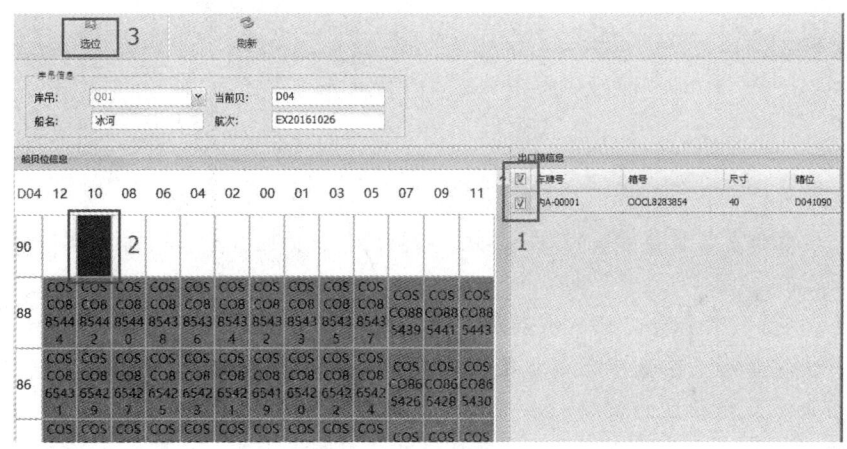

图 3-1-30 选位操作

25. 按照任务二中的操作方法，吊起内集卡车上的集装箱放至船上黄色高亮的位置，然后升起吊具于安全位置，按 Alt 键退出岸桥操作，如图 3-1-31、3-1-32 所示。

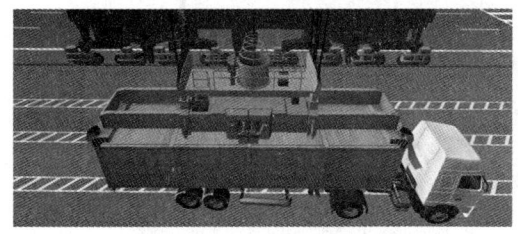 

图 3-1-31　吊起集装箱　　　　　　　图 3-1-32　集装箱放至船上

26. 将人物角色切换为"堆场指挥员"，按 Q 键打开 PDA，依次选择"进入管理信息系统"→"装船作业"→"岸吊"→"箱号"后点击"确定"，如图 3-1-33 所示。

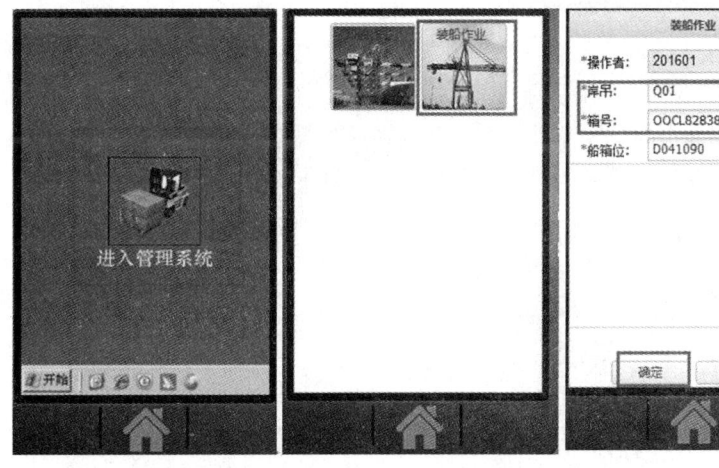

图 3-1-33　操作 PDA

27. 将人物角色切换为"内集卡司机"，将内集卡车开回至原位。

知识链接

堆场集装箱箱位识别

箱位是集装箱堆场的最小单元。堆场的箱位由区、贝、排、层四部分组成。

1. "区"

"区"的标号，通常有两种表示方法：① 由两位数字表示；② 由一个英文字母和一个数字表示。国内码头普遍采用一个英文字母和一个数字的组合来表示箱区的编码。在一般的龙门吊箱区中第一位英文字母表示码头的泊位号，第二位数字表示箱区从海侧（码头）到陆侧（堆场）的顺序号，正面吊箱区和堆高机箱区则视具体的情况而定其名称。

2. "贝"

一个箱区由若干个贝组成，如图 3-1-34 所示，"贝"用数字编号，由北向南以奇数的形式标注（如 01、03、05 等）。每个贝的宽度可放下 20 英尺箱，用奇数 01，03，05，…表示 20 英尺箱的位置。使用所占用的两个贝号间的偶数来表示 40 英尺或 45 英尺箱位。如一个 20 英尺箱为 01 贝，一个 40 英尺箱占用了 01、03 两个贝，那么就用 02 贝来表示此箱位置。箱区、贝数、泊位的长度均存在着一定的关系。

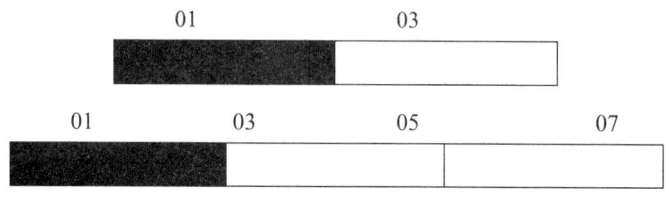

图 3-1-34 贝

3. "排"

排是指每个箱位中从外侧到里侧纵向的位置，一般用两位数表示。一般来说，由于轮胎吊的跨度限制，在主堆场即重箱堆场中，每一贝都有 6 排，分别是 01、02、03、04、05、06 排。空箱堆场可达十几排。

"排"号的标注方法：靠近车道一侧的排为 06 排，靠近拖车道一侧的排为 01 排。如图 3-1-35 所示。

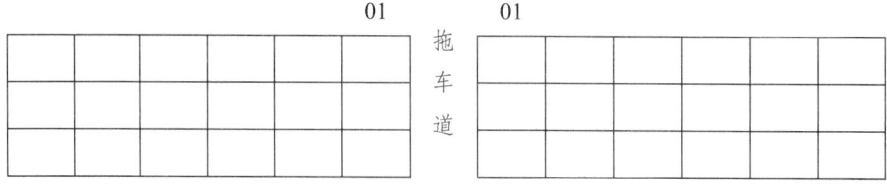

图 3-1-35 排

4. "层"

"层"是指箱位中自下而上横向的位置,通常用一位数表示,由于受设备堆垛能力、安全因素及作业要求的影响,摆箱高度一般为 4~5 层。

拓展提升

1. 假设图 3-1-36 集装箱层数统一为 4 层,在图上标注出区位、贝数、排数、层数。
2. 在图 3-1-37 中找出箱位号为 A103064 的集装箱。

图 3-1-36 集装箱堆场贝位图

图 3-1-37 集装箱堆场箱位图

任务二　装船作业操作

【知识目标】

1. 掌握集装箱装船作业流程。
2. 了解装船作业中岸桥司机、龙门吊司机、内集卡司机、堆场指挥员等岗位职责。

【技能目标】

1. 掌握装船作业过程中场吊调度、龙门吊、岸桥等设备操作方法。

【素养目标】

1. 积极开展挫折教育，磨炼学生意志品质，在攻坚克难中创造业绩。
2. 培养学生诚实守信的品格，遵纪守法。

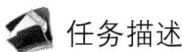 任务描述

王×随着场内集卡车来到码头前沿，了解了集装箱出口流程后，她需要学习集装箱装船，如果没有装船，货物是无法运送给客户的。她看到桥边的验箱员正在验箱，桥边的指挥员监督吊桥将集装箱吊至指定的船箱位，并将装船进度及时通知控制中心，进行装船确认。而外轮理货员则记录下集装箱的实际船箱位，集装箱正式装船后，船长在"码头装卸作业签证"上签字，表示船方确认集装箱已装船。

 任务实施

一、装船作业

发货人计数、施封后，将重箱运至集装箱码头。码头闸口负责进行重箱及相关单据的核查、交接工作，并办理重箱进场手续，打印行车指南。控制中心安排机械设备将重箱堆放到指定的箱区位置，同时进行堆场收箱确认。

此时，受理中心负责该集装箱及对应货物的相关场站收据校验及海关放行确认工作。确认放行后，码头配载部门会根据相关信息制作船舶的配载图，以便控制中心（图 3-2-1）制作装船顺序单，安排码头机械设备和操作人员。

装船作业由控制中心有序指挥堆场（图 3-2-2）发箱、集卡运输、岸边吊桥装船来完成，结束后控制中心负责进行装船结束确认和船舶的离泊确认。

图 3-2-1 控制中心

图 3-2-2 堆场

1. 使用自己的账号登录，进入系统之后，选择"任务三 装船作业操作"→"港口调度员"→"准备"→"开始"，进入 3D 虚拟场景。

2. 控制人物进入中控室，走近电脑，根据提示按 Alt 键操作电脑。

3. 打开虚拟电脑界面上的 ![icon] 进入船舶管理系统，依次选择"出口集港及装船"→"出口箱复核"，在下拉列表中选择航次，勾选"舱单信息"，点击"复核"→"提交"，如图 3-2-3 所示。（注：教师在教师端已录入出口舱单及出口箱进场计划，从第三步"出口箱复核"开始操作）

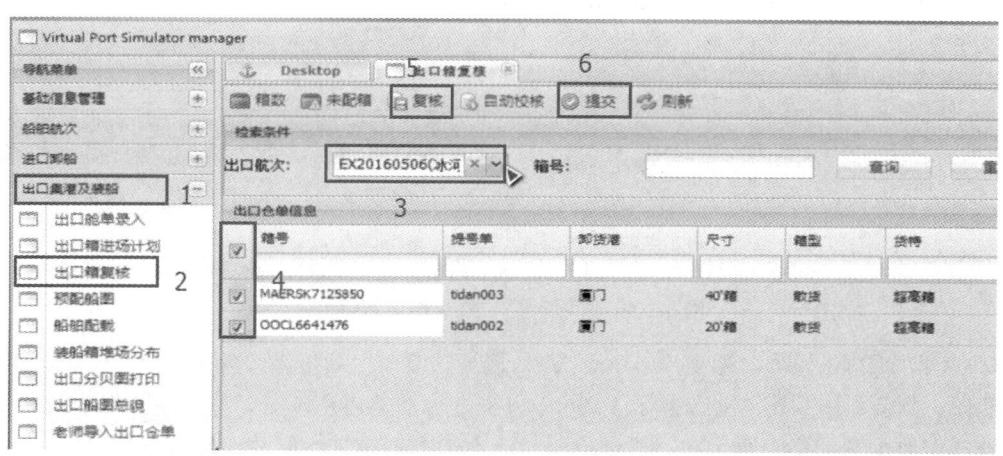

图 3-2-3 出口箱复核

4. 点击"预配船图",选择"出口航次",选择"厦门"卸货港,在"船图:侧截面图预览"上选择 D04 部分(预配 40 英尺集装箱),然后在"船贝位信息"选择空白位置进行预配,预配成功自动勾选后,点击"保存",如图 3-2-4 所示。

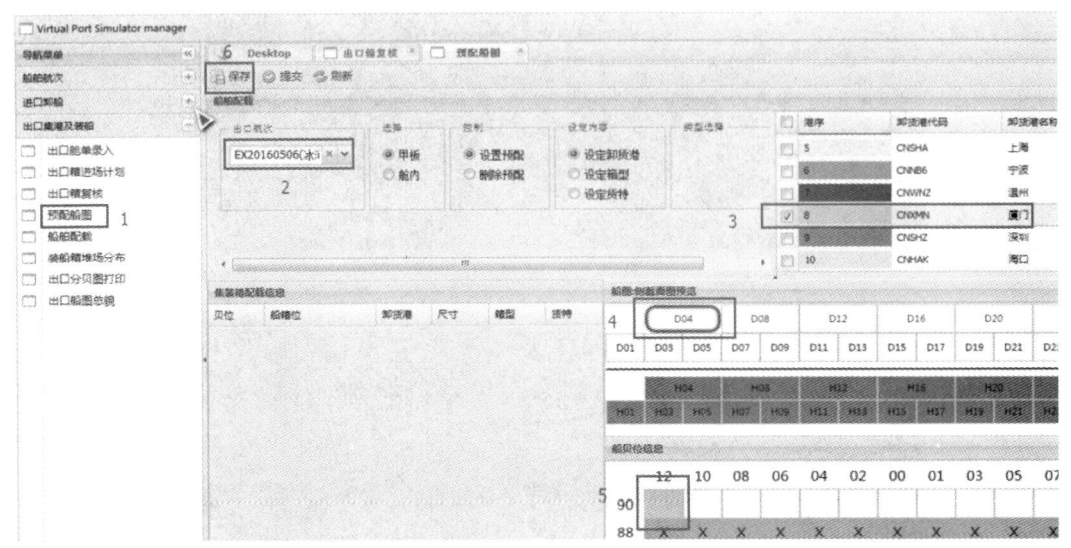

图 3-2-4　预配船图(40 英尺集装箱)

5. 选择"厦门"卸货港,在"船图:侧截面图预览"上选择 D01 部分(预配 20 英尺集装箱),然后在"船贝位信息"选择空白位置进行预配,预配成功后,点击"保存"→"提交",如图 3-2-5 所示。

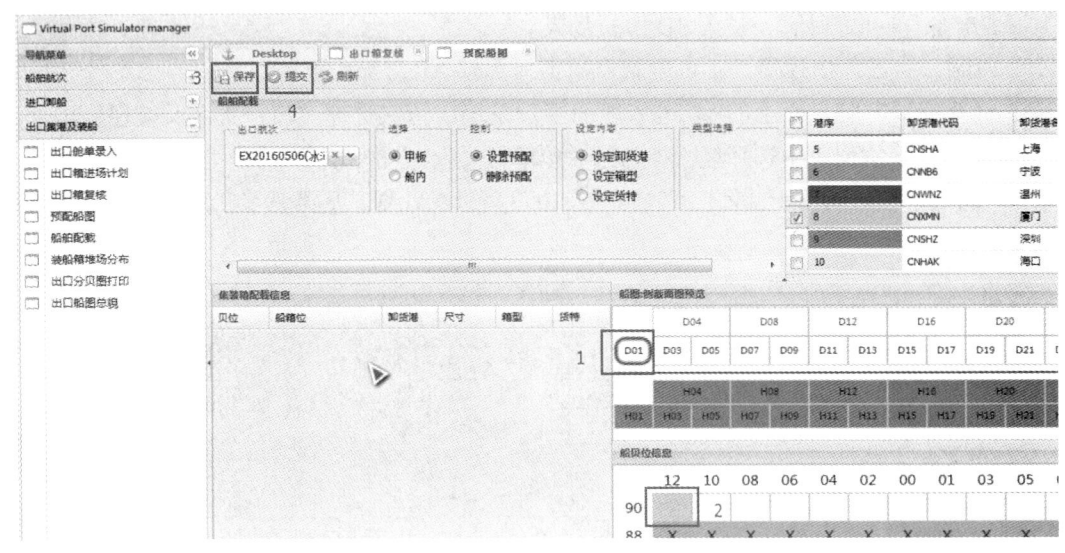

图 3-2-5　预配船图(20 英尺集装箱)

6. 点击"船舶配载",选择"出口航次",选择"厦门"卸货港,勾选"20 英尺集装箱",在"船图:侧截面图预览"上选择图 3-2-6 中方框 5 标注的白色部分,然后在"集装箱配载信息"选择需要配载的集装箱,在"船贝位信息"点击方框 7 进行配载,再点击"保存",如图 3-2-6 所示。

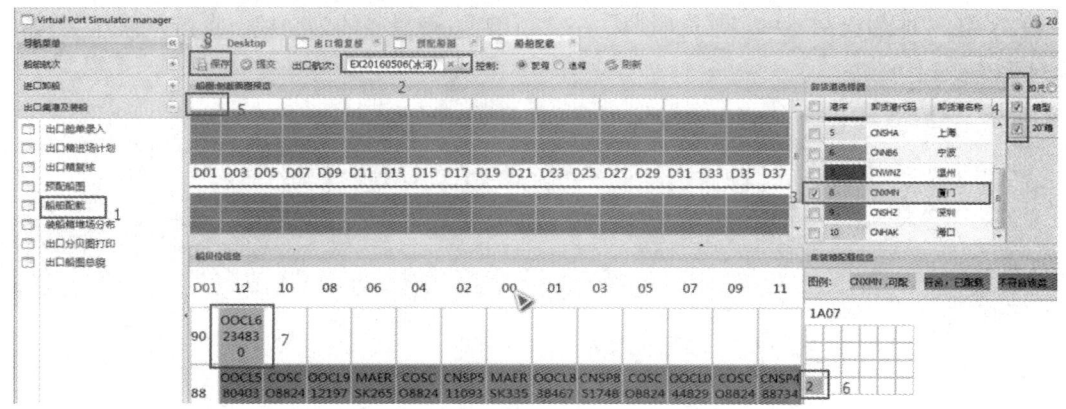

图 3-2-6 船舶配载（20 英尺集装箱）

7. 勾选"40 英尺集装箱"，在"船图：侧截面图预览"上选择图 3-2-7 中方框 3 标注的 D04 的白色部分，然后在"集装箱配载信息"选择需要配载的集装箱，在"船贝位信息"点击方框 4 进行配载，再点击"保存"→"提交"，如图 3-2-7 所示。

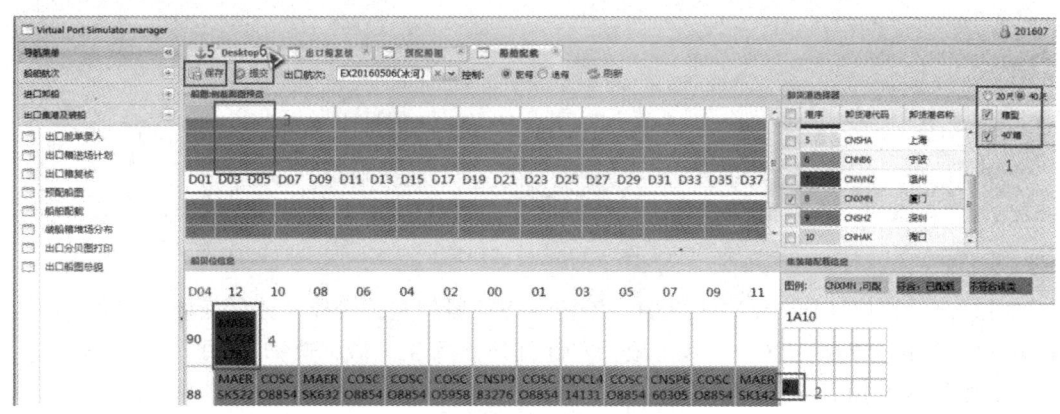

图 3-2-7 船舶配载（40 英尺集装箱）

8. 点击"中控调度"，选择"场吊调度"，在下拉列表中选择场吊"L01"，在"堆场信息"里面选择调度区域，在"调度区域"选择"*1A"区域，然后再点击"保存"，如图 3-2-8 所示。

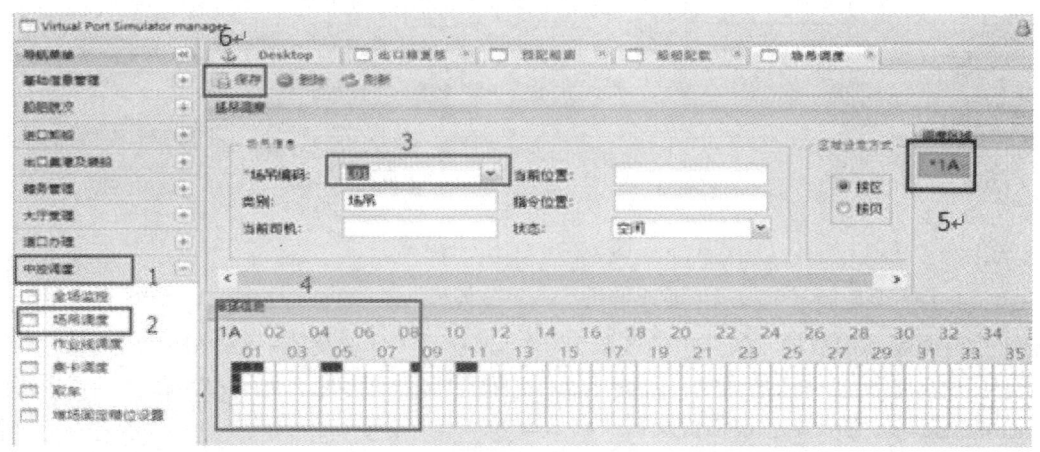

图 3-2-8 场吊调度

9. 点击"船舶航次"→"月度船期"→"新增",带星号的为必填,点击"保存",如图 3-2-9 所示。

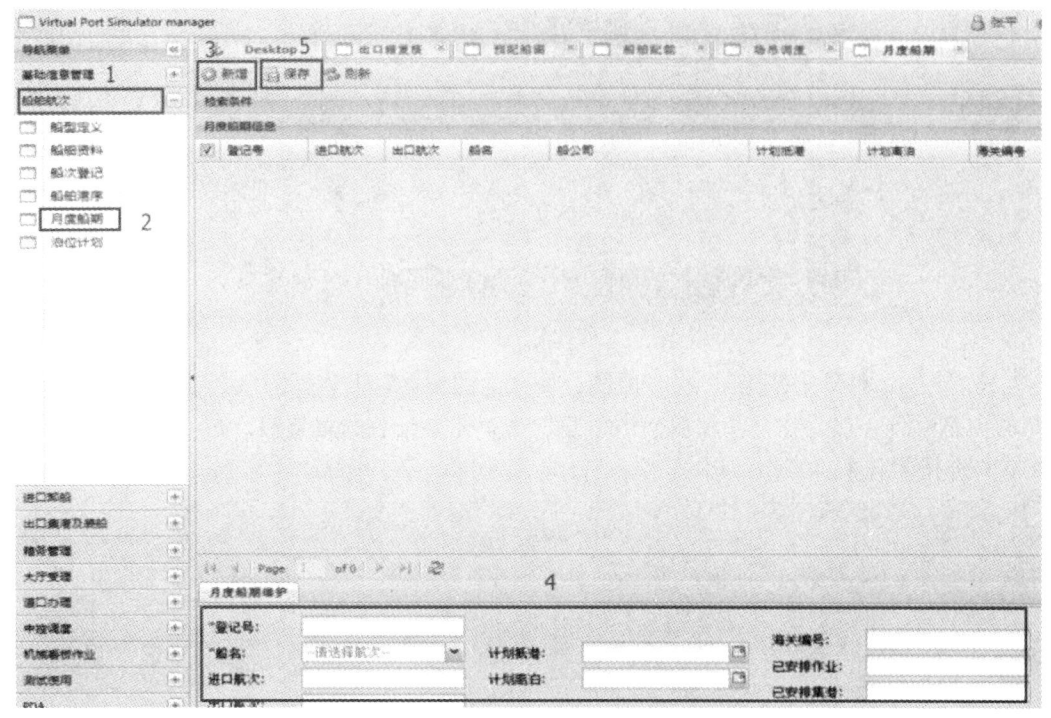

图 3-2-9　月度船期

10. 点击"泊位计划",选择"001"泊位,按住鼠标左键选择"计划抵港与离港时间",选择好以后会出现方框 3 区域,双击鼠标左键打开方框 3 区域,选择"船期"→"保存"→"提交",如图 3-2-10 所示。

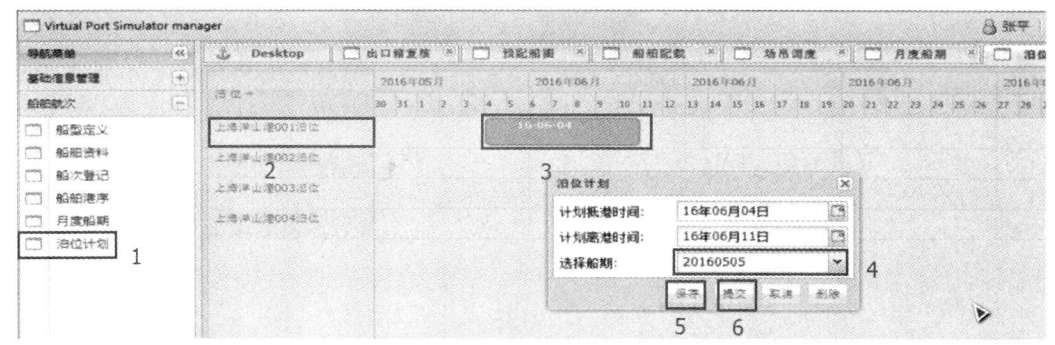

图 3-2-10　泊位计划

11. 点击"中控调度"→"作业线调度"→"航次",在"船贝位调度"中选择 D01 和 D04 部分(为前面船图配载的时候选中的区域),选择成功后"导航菜单—desktop—出口籍复核—预配船图—船舶配载—场吊调度—月度船期—泊位"字样会变粗;在"岸吊调度一览"中选择"Q01"部分(方框 4),选择成功后"岸吊调度一览"会变粗;然后再点击"保存"→"提交",如图 3-2-11 所示。

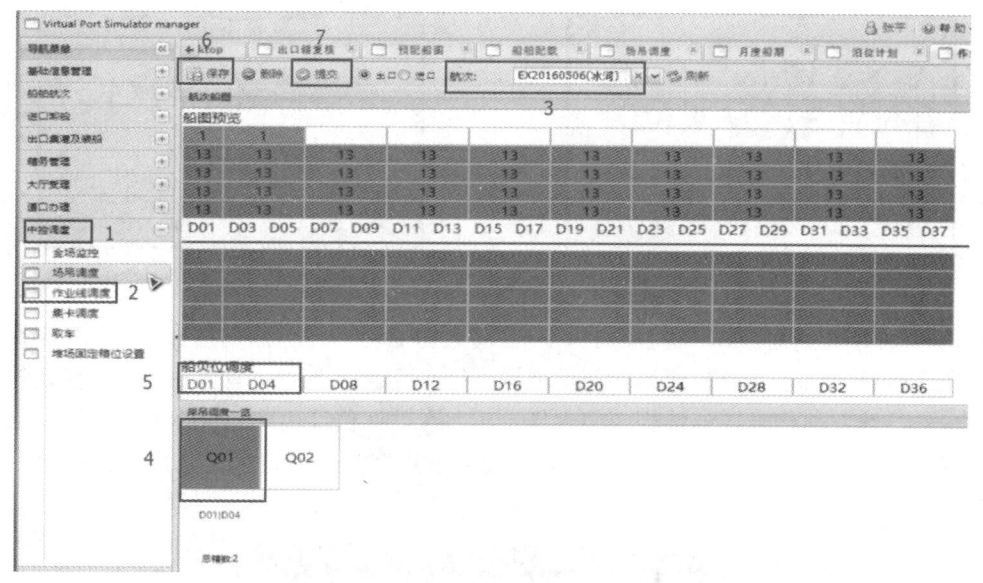

图 3-2-11 作业线调度

12. 点击"集卡调度",勾选"作业路信息"Q01,点击"要箱车辆"下面的数量部分,然后会在页面底部出现集卡信息,选择所需集卡数量并进行安排(所需数量不得超过最大集卡数),点击"保存"→"提交",如图 3-2-12 所示。

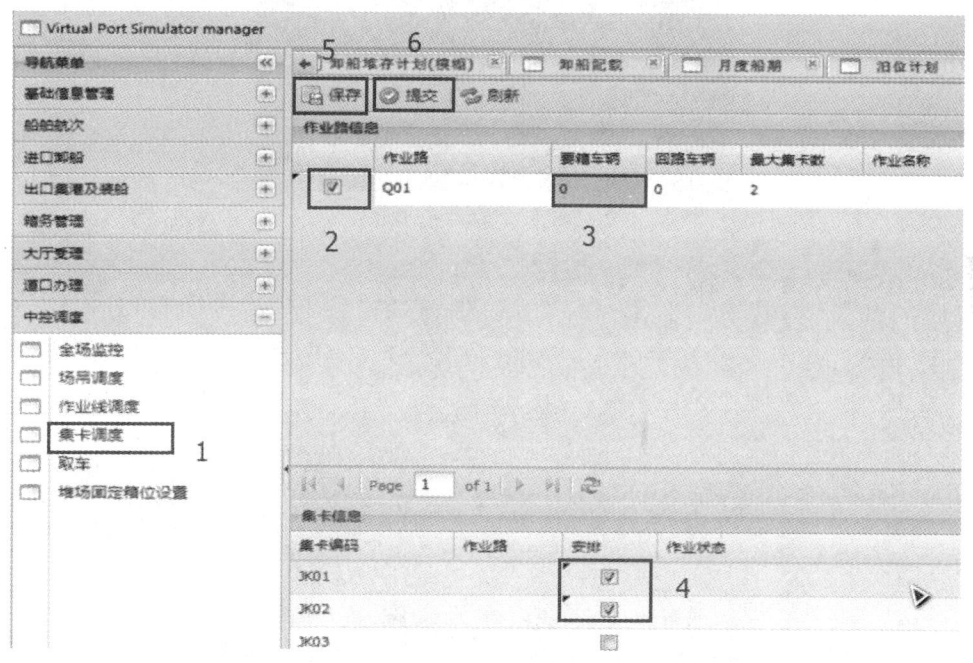

图 3-2-12 集卡调度

13. 按 Alt 键退出虚拟电脑,点击 将人物角色切换为"内集卡司机",走近内集卡车,按 Alt 键上车,点击"开始作业",会接到场吊及位置指示,按 T 键挂挡,驾驶内集卡车去 1A07,如图 3-2-13 所示。内集卡车行驶至 L01 场吊下,点击"就绪",如图 3-2-14 所示。

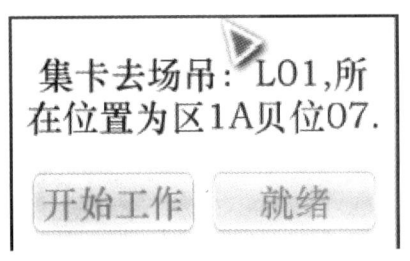 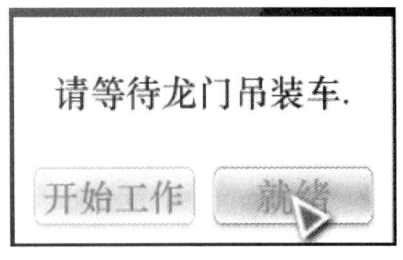

图 3-2-13　集卡开始工作　　　　　　　图 3-2-14　集卡就绪成功

14. 将人物角色切换为"龙门吊司机",控制人物走到 L01 旁边的楼梯,按 Alt 键操作场吊,如图 3-2-15 所示。按 P 键启动龙门吊电源,按 Q 键进行选位,首先选中"转船发箱"→"查询",在"出口箱信息"勾选相应的内集卡车,在"区位剖面图"选择第一排第一层的集装箱,然后点击"选位"→"提交",选位成功后该集装箱会呈黄色高亮显示,如图 3-2-16 所示。

图 3-2-15　操作龙门吊

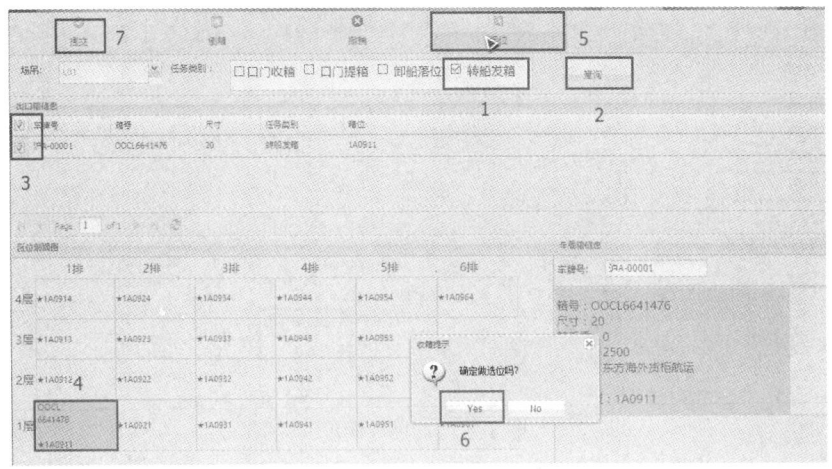

图 3-2-16　龙门吊选位信息操作

15. 按↑↓键进行吊具的上升和下降,调整吊具对准黄色高亮显示的箱子(按 E 键可以控制调整的速度,再次按 E 键可以恢复至调整前的速度),调整位置至着床灯亮起,着床灯变为

- 60 -

黄色时按 5 进行开锁，如图 3-2-17～3-2-20 所示。吊好箱子，按 6 键闭锁，然后吊起箱子至内集卡车上，如图 3-2-21 所示。调整吊具将箱子对准内集卡车，当着床灯亮起时开锁，放好箱子后按↑键升起吊具。

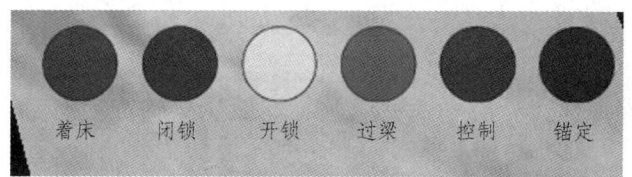

图 3-2-17　开始状态

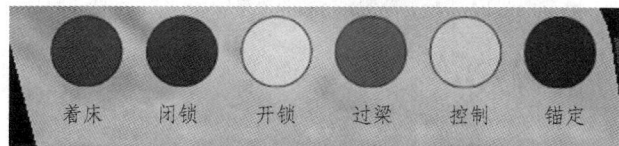

图 3-2-18　按 T 键控制龙门吊

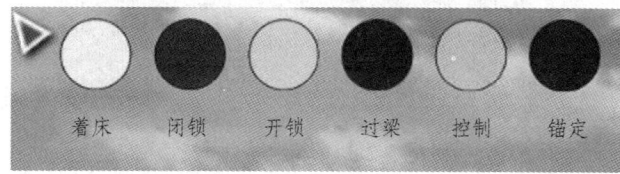

图 3-2-19　着床成功

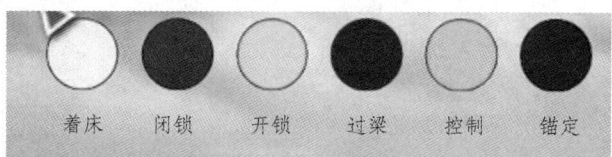

图 3-2-20　开锁成功

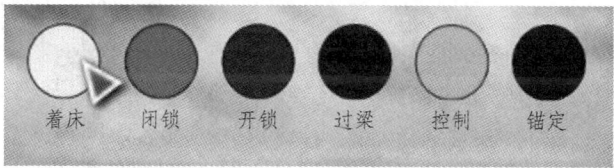

图 3-2-21　闭锁成功

16. 将人物角色切换为"内集卡司机"，根据车辆信息提示，驾驶车辆至岸桥 Q01，如图 3-2-22 所示。将内集卡车驾驶至岸桥 Q01 下，点击"就绪"，如图 3-2-23 所示。按 Alt 键结束集卡操作。

图 3-2-22　集卡车作业提示

图 3-2-23　集卡车就绪

17. 内集卡司机下车后,将人物角色切换为"岸桥司机",来到 Q01 号岸桥下,看到有一集装箱已经运到岸桥下等待装船,按 Alt 键操作岸桥,如图 3-2-24 所示。按 P 键启动岸桥电源,按 Q 键进行选位,在"出口箱信息"勾选相应的集卡信息,在"船贝位信息"选择预配好的方框 2 部分,最后点击"选位",如图 3-2-25 所示。

图 3-2-24 岸桥操作

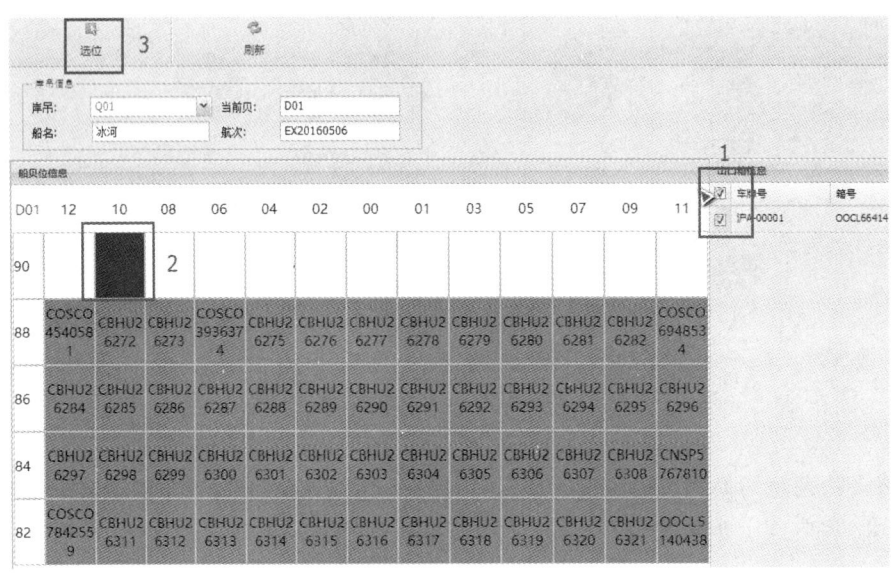

图 3-2-25 装船选位操作

18. 按↑键升起吊具,将集卡车上的集装箱吊至船上黄色高亮部分,调整位置,当着床灯亮起时,将箱子放入阴影区域中,然后开锁升起吊具,如图 3-2-26 所示。

19. 将人物角色切换为"堆场指挥员",按 Q 键打开 PDA,选择"装船作业",在下拉列表中选择岸吊"Q01"以及集装箱"OOCL6641476",点击"确定",如图 3-2-27、3-2-28 所示。按 Q 键收起 PDA。

图 3-2-26 集装箱装船操作

图 3-2-27 PDA 装船作业

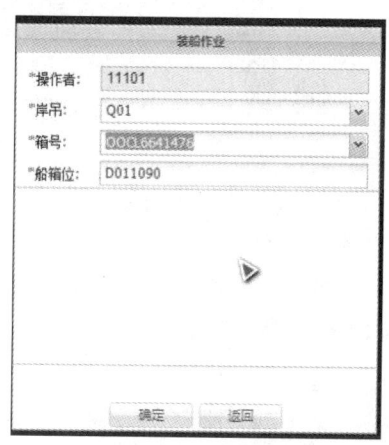

图 3-2-28 PDA 装船作业信息

20. 将人物角色切换为"内集卡司机",将内集卡车开回原位,然后驾驶另一辆内集卡车,进行 40 英尺集装箱的装船作业,按 Alt 键上车,点击"开始作业",会接到场吊及位置指示,按 T 键挂挡,驾驶内集卡车去 1A10,如图 3-2-29 所示。内集卡车行驶至 L01 场吊下,点击"就绪",如图 3-2-30 所示。

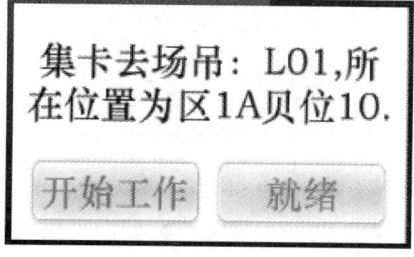

图 3-2-29 集卡开始工作

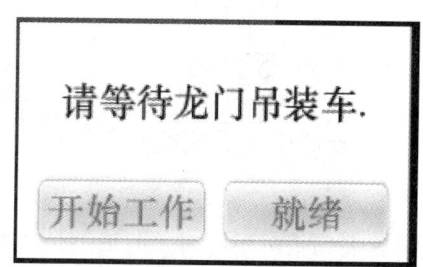

图 3-2-30 集卡就绪成功

21. 将人物角色切换为"龙门吊司机",控制人物走到 L01 旁边的楼梯,按 Alt 键操作场吊。按 P 键启动龙门吊电源,按 Q 键进行选位,首先选中"转船发箱"→"查询",在"出口箱信息"勾选相应的内集卡车,在"区位剖面图"选择第一排第一层的集装箱,然后点击"选位"→"提交",选位成功后该集装箱会呈黄色高亮显示,如图 3-2-31 所示。

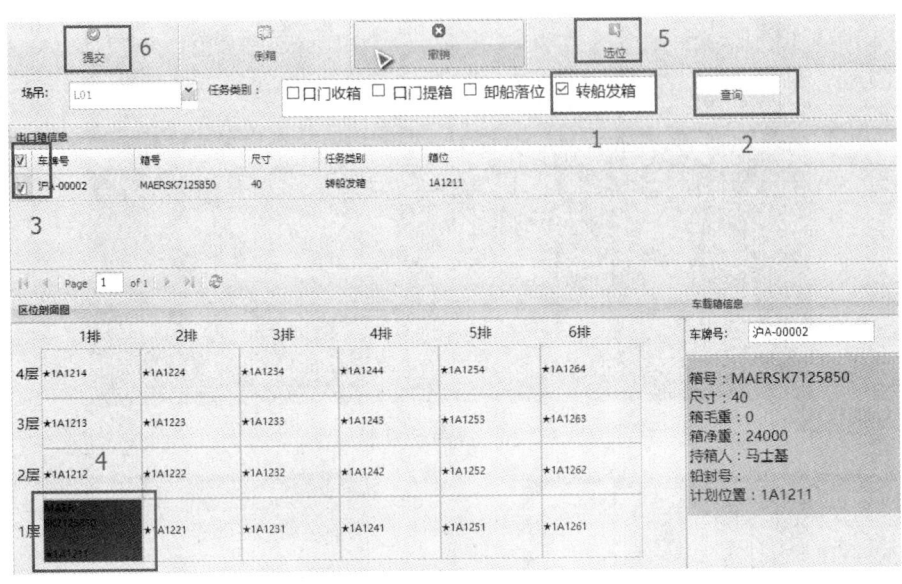

图 3-2-31　场吊选位信息

22. 按↑↓键进行吊具的上升和下降,调整吊具对准黄色高亮显示的箱子(按 E 键可以控制调整的速度,再次按 E 键可以恢复至调整前的速度),按 O 键,吊具将在 20 英尺和 40 英尺之间切换,如图 3-2-32 所示。调整位置至着床灯亮起,着床灯变为黄色时按 6 进行开锁,吊好箱子,闭锁,然后吊起箱子至内集卡车上,调整吊具将箱子对准内集卡车,当着床灯亮起时开锁,放好箱子后升起吊具。

图 3-2-32　不同尺寸吊具切换

23. 将人物角色切换为"内集卡司机",根据车辆信息提示,驾驶车辆驶向岸桥 Q01,如图 3-2-33 所示。将内集卡车驾驶至岸桥 Q01 下,点击"就绪",如图 3-2-34 所示。按 Alt 键结束集卡操作。

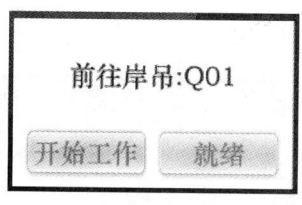
图 3-2-33 集卡车作业提示

图 3-2-34 集卡车就绪

24. 内集卡司机下车后，将人物角色切换为"岸桥司机"，来到 Q01 号岸桥下，按 Alt 键操作岸桥。按 P 键启动岸桥电源，按 Q 键进行选位，首先在"出口箱信息"勾选"集卡信息"，在"船贝位信息"选择预配好的方框 2 部分，最后点击"选位"，如图 3-2-35 所示。

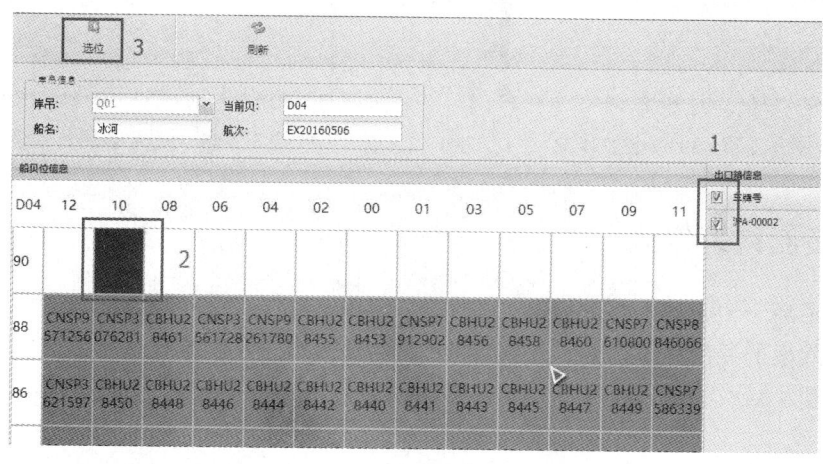
图 3-2-35 岸桥装船选位操作

25. 按↑键升起吊具，将集卡车上的集装箱吊至船上黄色高亮部分，调整位置，当着床灯亮起时，将箱子放入阴影区域中，然后开锁升起吊具，如图 3-2-36 所示。

图 3-2-36 集装箱装船操作

26. 将人物角色切换为"堆场指挥员"，按 Q 键打开 PDA，选择"装船作业"，在下拉列表中选择岸吊"Q01"以及集装箱"MAERSK7125850"，点击"确定"，如图 3-2-37、3-2-38

所示,按 Q 键收起 PDA,将集卡车开回集卡调度区,装船作业完毕。

图 3-2-37　PDA 装船作业

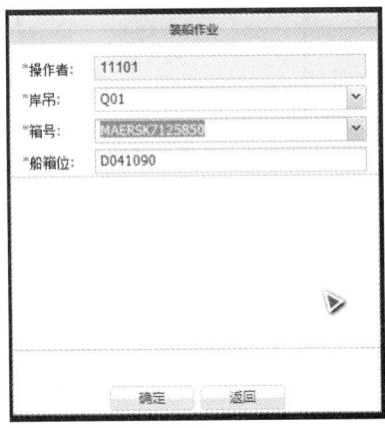

图 3-2-38　PDA 装船作业信息

二、装船结束作业

装船结束后,由受理中心进行航次关闭确认工作。控制中心负责按装船作业实际情况进行单船装卸效率的分析。码头单证资料部门负责将该船名航次的信息进行整理、分析、归档,编制出口单船小结,并录入计算机。

知识链接

出口货运单流转图如图 3-2-39 所示。

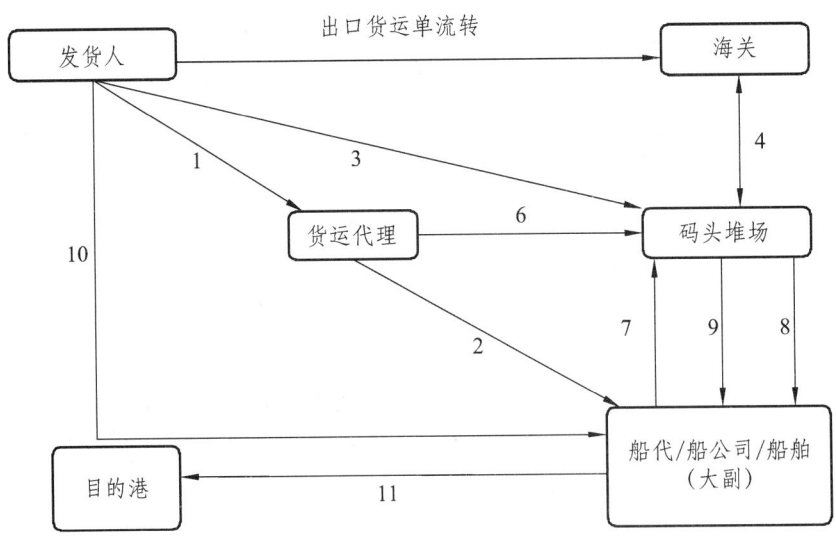

图 3-2-39　出口货运单流转图

1. 发货人向货代物委托书、委托报关书。
2. 货运代理或发货人向船代提供订舱单。订舱单是船公司或代理在接受发货人或其代理人订舱时，根据其口头或书面申请货物托运的材料而制定的用以安排货物运输的单证。
3. 发货人或货运代理向码头提交设备交接单、装箱单。
4. 堆场向海关提供堆存信息；海关反馈查验、监管信息。
5. 货代或发货人向海关提供装货单（D/R 第五联）、商业发票、出口许可证、商品说明书等。
6. 货代或发货人向码头提供装货单、大副收据、场站收据（D/R）。
7. 船代或船公司向码头提供预配清单、预配船图、危险品清单、温控箱清单、危险品货物积载申报单等。
8. 码头给船舶发送配载图、装船顺序单。
9. 码头外理向船代提供外理计数单、实际积载单。
10. 发货人或货代将场站收据、换提单发给船代。
11. 船公司或船代将实际积载图、舱单、危险品清单、温控箱清单、残损箱清单单据发给目的港。

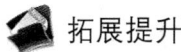 拓展提升

危险货物种类如表 3-2-1 所示。

表 3-2-1　危险货物表

类别	性质	举例
爆炸品	具有整体爆炸危险	炸弹（危险品运输编号：UN0034），带有爆炸装置
	具有抛射危险	火箭（危险品运输编号：UN0295），带有爆炸装置
	燃烧危险、较小爆炸或较小抛射危险	火箭发动机（危险品运输编号：UN0186）
	无重大危险	烟花（危险品运输编号：UN0337）
	具有整体爆炸危险但极不敏感物质	爆炸品，爆破炸药，E 型（危险品运输编号：UN0332）
	无整体爆炸危险的极不敏感物质	爆炸品，极度不敏感（危险品运输编号：UN0486）
气体	易燃气体	丙烷（危险品运输编号：UN1978）
	非易燃、无毒气体	二氧化碳（危险品运输编号：UN1013）
	有毒气体	磷化氢（危险品运输编号：UN2199）

续表

类别	性质	举例
易燃液体	如果一种液体物质的闪点为60 °C或者以下，则该物质被《国际海运危险货物规则》划分为易燃的最低温度（闪点指一种液体产生的蒸汽与明火接触后能被点燃的最低温度）	汽油（危险品运输编号：UN31002）；环戊烷（危险品运输编号：UN31003）；甲基戊二烯（危险品运输编号：UN31015）
易燃固体	易燃固体，自反应物质和固体退敏爆炸品	火柴（危险品运输编号：UN1331）
	易自燃物质	磷，白色，干燥（危险品运输编号：UN1382）
氧化物质	氧化剂	硝酸铵肥料（危险品运输编号：UN2067）
	有机过氧化物	F类有机过氧化物，液体，过氧联苯甲酰，（危险品运输编号：UN3109）
毒害品和感染性物质	有毒物质	砷（危险品运输编号：UN1558）
	感染性物质	肝样变的培养菌（危险品运输编号：UN2814）
放射性材料	低放射性、中放射性、高放射性、可裂变放射性材料	六氟化铀（危险品运输编号：UN2977）
腐蚀品	腐蚀品通常被认为是液体酸，但很多腐蚀品是以晶体、粉末或颗粒形式运输的碱或碱金属，他们可能以空气中的微粒形式产生危害	盐酸（危险品运输编号：UN1789）
杂类危险物质和物品和环境有害物质	该类物质和物品通常不列入任何其他类，但是有一些会有明显的火灾或爆炸危险	石棉（危险品运输编号：UN1789）

任务三　重箱进场作业

【知识目标】

1. 掌握集装箱装船作业流程，重箱进场要点。
2. 了解设备交接单交接责任划分、集装箱设备交接单应用等说明及要求。

【技能目标】

掌握设备交接单缮制方法。

【素养目标】

1. 培养学生带着问题去实践的好习惯，落实集装箱设备交接单责任。
2. 培养学生的家国情怀。青年人有理想有担当，国家就有前途。

任务实施

黄师傅收到已经填写完毕的集装箱设备交接单和装箱单。王×要为黄师傅办理重箱进场业务,这是王×第一次在主管的带领下,进行重箱进场业务操作。

任务准备

一、重箱进场

重箱进场是指货主或拼箱人将装满货物的集装箱重新运进堆场,准备装船。出口货箱进入港区,货方、内陆承运人凭《集装箱出口装箱单》或《场站收据》《进场集装箱设备交接单》到指定的港区交付重箱,并办理进场集装箱设备交接。指定的港区依据《出口集装箱预配清单》《进场集装箱设备交接单》《场站收据》收取重箱,并办理进场集装箱设备交接。

发货人或集装箱货运站将已装箱的集装箱货物运至码头堆场时,堆场大门要对其核对订舱单、场站收据、装箱单、出口许可证、设备交接单等单据;检查集装箱数量、号码、铅封号等是否与场站收据相一致,箱子外表情况与铅封是否有异常等;然后堆场业务人员代表运输经营人接收货物,并在场站收据上签章退还给发货人。如发现异常情况,应在场站收据上说明或与有关方面联系是否接收。在实践中,发货人装箱、计数、施封后,在装船前3天可拖重箱进入集装箱码头。

二、重箱进场单据

设备交接单分进场(IN)和出场(OUT),这两种设备交接单大致相同,共6联,进、出场各3联,分别为管箱人(船代、船公司)联、码头(堆场)联、用箱人(运箱人)联。

设备交接单(表3-3-1)作用如下:
(1)设备交接单是对集装箱进行跟踪管理的依据。
(2)作为用箱人或其代理向港站办理提取、交接或回送集装箱的依据。
(3)设备交接单是划分箱体在使用过程中的损坏责任的依据。

表3-3-1 设备交接单

集装箱发放/设备交接单 出口			
用箱人/运箱人 广州××公司		提箱地点	
来自地点		返回/收箱地点 ××堆场	
船次/航次	集装箱号	尺寸/类型	营运人
提单号	铅封好	免费期限	运载工具牌号
出场目的/状态	进场目的/状态	进场日期	

续表

进场检查记录			
普通集装箱	冷藏集装箱	特种集装箱	发动机
正常 异常	正常 异常	正常 异常	正常 异常
损坏记录及代号 破损　凹损　丢失　污箱　危标　无			
左侧　　右侧 前部　　集装箱内部 顶部　　底部　　箱门		如有异状，请注明程度及尺寸，司机务必确认箱体完好清洁并签单	
除列明者外，集装箱及集装箱设备交接时完好无损，铅封完整无损			
用箱人/运箱人		码头/堆场值班员签署	

任务实施

1. 使用自己的账号进行登录，进入系统后，选择"任务五　重箱进场业务操作"→"港口调度员"→"准备"→"开始"，进入 3D 虚拟场景。

2. 控制人物进入中控室，走近电脑，根据提示按 Alt 键操作电脑。

3. 打开虚拟电脑界面上的 进入船舶管理系统，依次选择"出口集港及装船"→"出口仓单录入"，在下拉列表中选择"出口航次"，勾选"出口舱单信息"，点击"提交"，如图 3-3-1 所示。

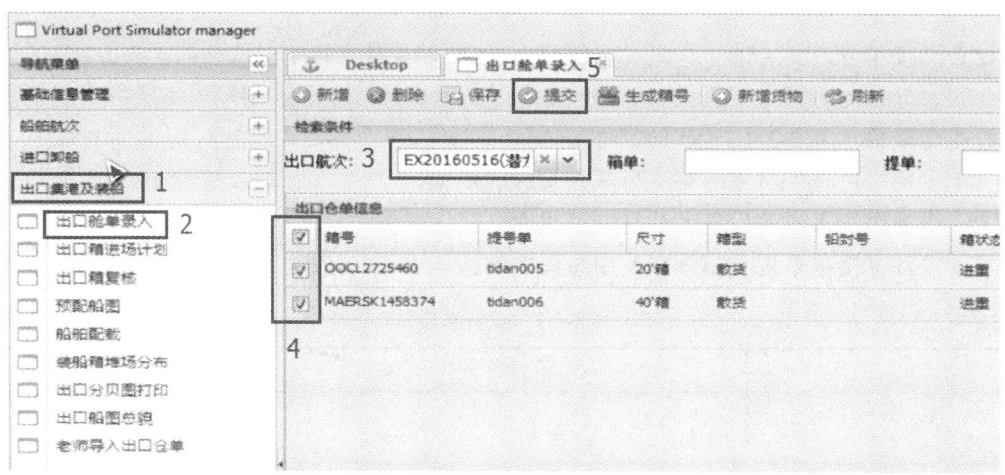

图 3-3-1　出口仓单录入

4. 点击"出口箱进场计划"，选择"出口航次"，点击"分类"，勾选"20 英尺集装箱信息"，在"箱区"选择 1A 并选择 07 贝位（注意 20 英尺的箱子用奇数表示，40 英尺的箱子用偶数表示），在"场吊作业区域"选择"1A07"，再点击"保存"，如图 3-3-2 所示。

- 70 -

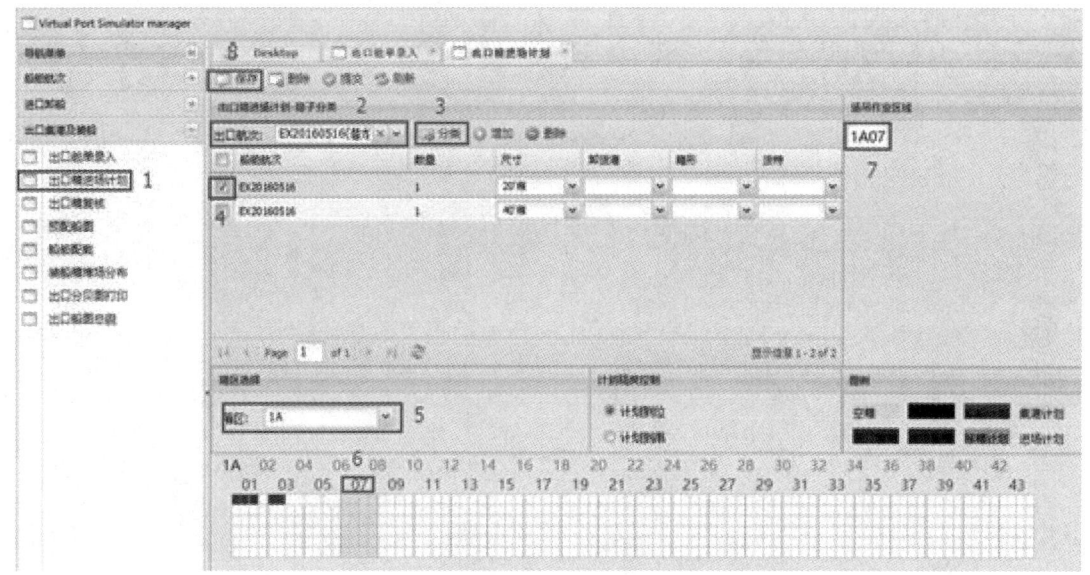

图 3-3-2　出口箱进场计划（20 英尺集装箱）

5. 勾选"40 英尺集装箱信息"，在 1A 箱区中选择 10 贝位，在"场吊作业区域"选择"1A10"，点击"保存"，然后在"船舶航次"里面同时勾选"20 英尺集装箱进口航次信息"和"40 英尺集装箱进口航次信息"，再点击"提交"，如图 3-3-3 所示。

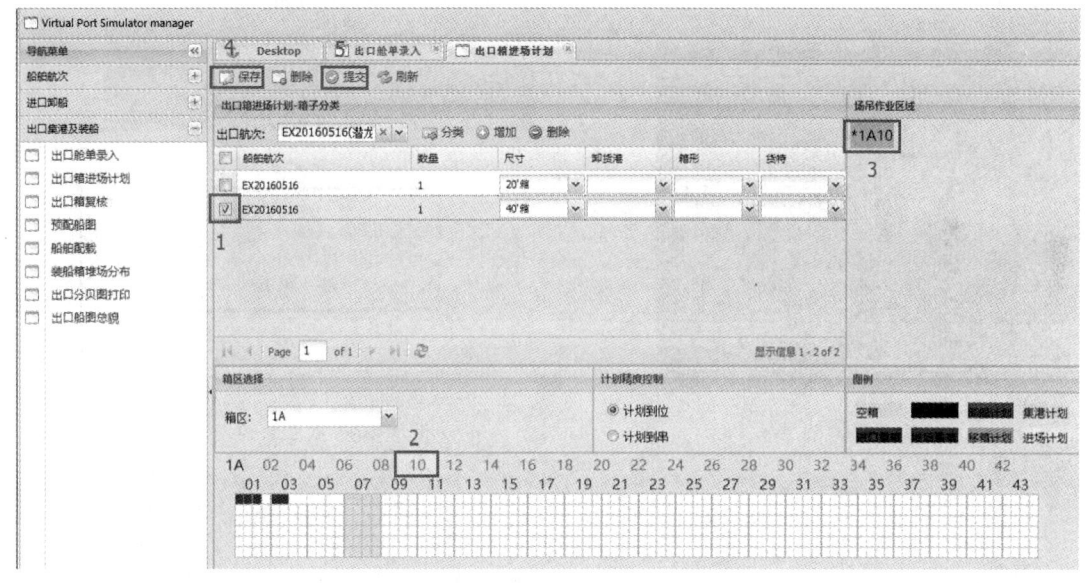

图 3-3-3　出口箱进场计划（40 英尺集装箱）

6. 点击"中控调度"，选择"场吊调度"，在"场吊编码"勾选"L01"，在"堆场信息"选择"1A"箱区，并在"调度区域"中选择"*1A"，再点击"保存"，按 Alt 键退出电脑操作，如图 3-3-4 所示。

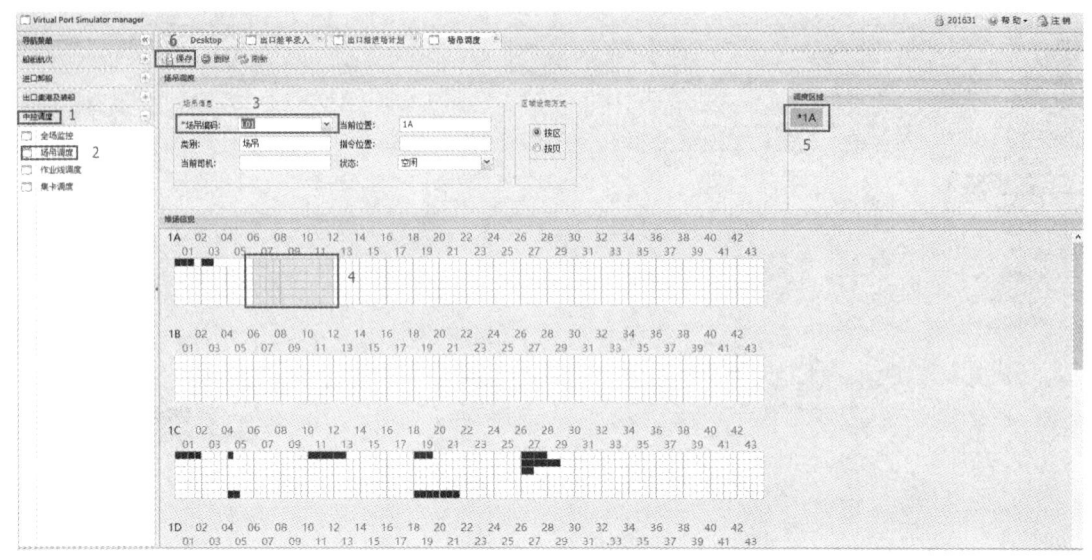

图 3-3-4 场吊调度

7. 将人物角色切换为"外集卡司机",按 M 键打开传送地图,双击鼠标左键将人物传送至集装箱货运站,进门靠右手边会看到集卡公司取车点,根据提示按 Alt 键进行操作,点击"取车",如图 3-3-5、3-3-6 所示。在"车辆信息列表"勾选"20 英尺集装箱信息",点击"取车",然后按 Alt 键结束取车操作,如图 3-3-7 所示。

图 3-3-5 取车点

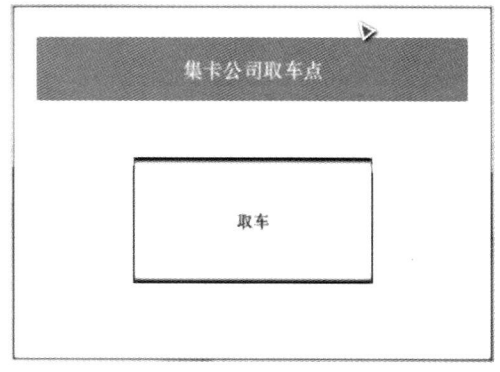

图 3-3-6 取车操作

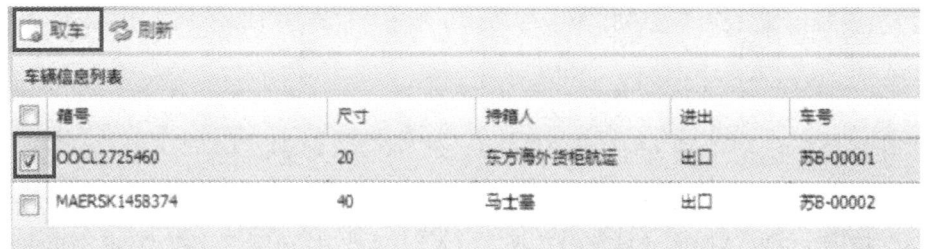

图 3-3-7 取车(20 英尺集装箱)

8. "外集卡司机"来到集装箱货运站的站台外面，会看到已经装好集装箱的车辆，走进集卡车，按 Alt 键操作集卡车，按 T 键挂挡驾驶卡车出门左转去港口，如图 3-3-8 所示。

图 3-3-8　外集卡车

9. 驾驶车辆到港口外面，根据地面提示，选择 8 个进场通道中的任意一个，将外集卡车驾驶到闸口旁边，按 Alt 键下车，进入检查口办公室，根据提示按 Alt 键操作电脑，电脑上会显示集卡和集装箱信息，点击"确认"，如图 3-3-9 所示。勾选"出口箱信息"中的"20 英尺集装箱信息"，依次点击"自动选位"→"开闸"→"打印小票"，按 Alt 键退出电脑，在左边的打印机前面，根据提示按住 Ctrl 键的同时按鼠标左键拿出打印好的小票，如图 3-3-10 所示。

10. 在任务栏中单击"打开单据"，如图 3-3-11 所示。选择"收箱小票"，双击打开收箱小票的详细信息，查看集装箱场箱位置为"1A0711"，如图 3-3-12 所示。然后在任务栏中单击"单据"按钮，收起单据。

图 3-3-9　确认集卡和集装箱信息

- 73 -

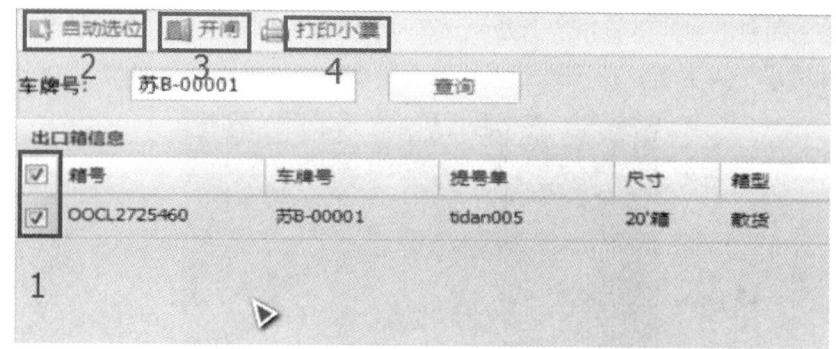

图 3-3-10 选位/开闸

图 3-3-11 打开单据

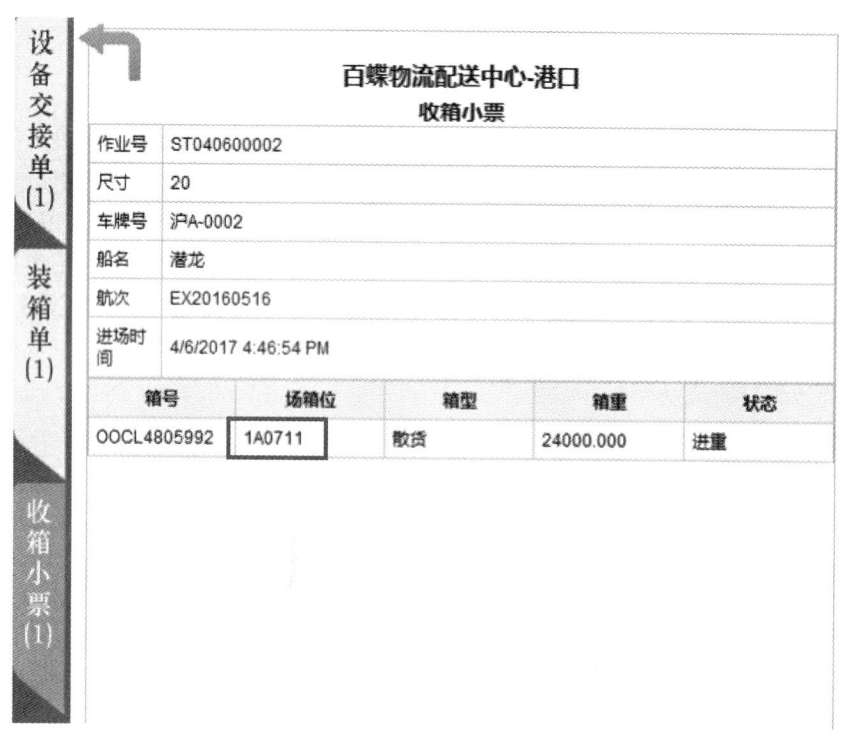

图 3-3-12 查看收箱小票

11. 按 Alt 键驾驶外集卡车去"1A0711"堆场，到达位置后按 Alt 键结束外集卡操作，将人物角色切换为"龙门吊司机"，按 Alt 键操作龙门吊，如图 3-3-13 所示。按 P 键启动龙门吊电源，按 Q 键进行选位，勾选"口门收箱"，点击"查询"，在"出口箱信息"勾选"20 英尺集装箱信息"，在"区位剖面图"选择"*1A0711"，然后再点击"选位"→"提交"，选位成功后该场箱位放箱子的位置会呈黄色高亮显示，如图 3-3-14 所示。

图 3-3-13　操作龙门吊

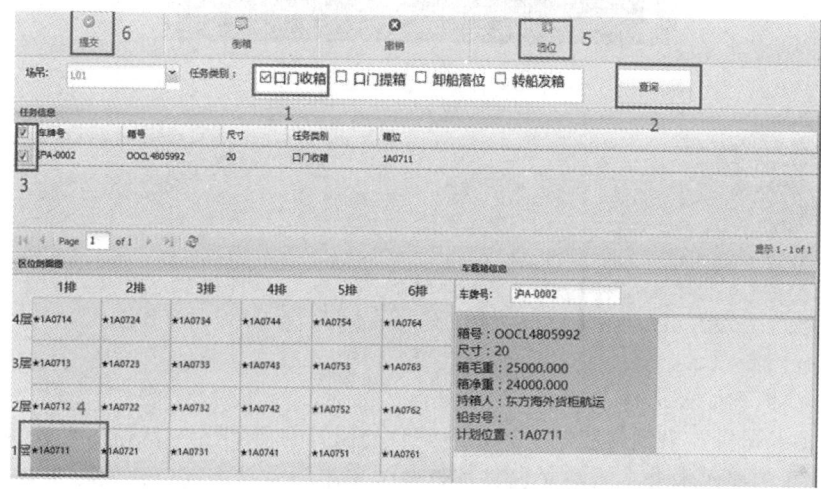

图 3-3-14　收箱选位

12. 按 A、D、W、S 键和方向键操作龙门吊（龙门吊的操作方法可参照任务二），将集装箱从集卡车上吊起放到"1A0711"堆场上，如图 3-3-15、3-3-16 所示。（按 F1、F2、F3 切换视角，便于吊箱）

图 3-3-15　吊起箱子（20 英尺集装箱）

图 3-3-16　集装箱落座场箱位（20 英尺集装箱）

13. 将人物角色切换为"外集卡司机",将外集卡车开回原位,然后在取车点对另一辆外集卡车进行取车操作,随后进行 40 英尺集装箱的进场作业,根据提示按 Alt 键取车,在"车辆信息列表"勾选"40 英尺集装箱信息",点击"取车",如图 3-3-17、3-3-18 所示。

图 3-3-17 操作取车机

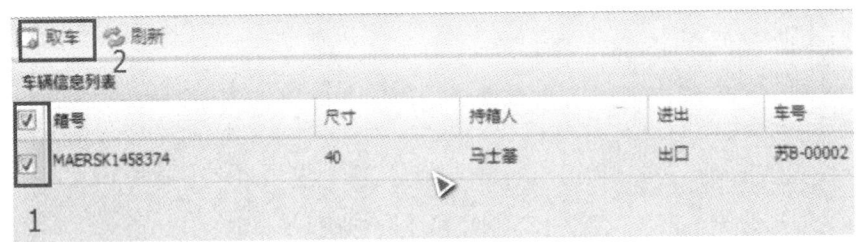

图 3-3-18 取车操作

14. "外集卡司机"来到集装箱货运站的站台外面,会看到已经装好集装箱的车辆,走进集卡车,按 Alt 键操作集卡车,按 T 键挂挡驾驶卡车出门左转去港口,如图 3-3-19 所示。

图 3-3-19 外集卡车(40 英尺集装箱)

15. 驾驶车辆到港口外面，根据地面提示，选择8个进场通道的其中任意一个，将外集卡车驾驶到闸口旁边，按Alt键下车，进入检查口办公室，根据提示按Alt键操作电脑，电脑上会显示集卡和集装箱信息，点击"确认"，如图3-3-20所示。在"出口箱信息"勾选"20英尺集装箱信息"，依次点击"自动选位"→"开闸"→"打印小票"，按Alt键退出电脑，在左边的打印机前面，根据提示按住Ctrl键的同时按鼠标左键拿出打印好的小票，如图3-3-21所示。

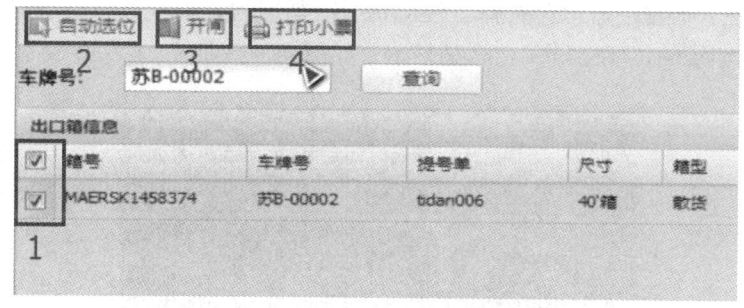

图 3-3-20 确认集卡和集装箱信息

图 3-3-21 选位/开闸

16. 在任务栏中单击"打开单据"，如图3-3-22所示。选择"收箱小票"，双击打开收箱小票的详细信息查看集装箱场箱位置为"1A1011"，如图3-3-23所示。然后在任务栏中单击"单据"按钮，收起单据。

图 3-3-22 打开单据

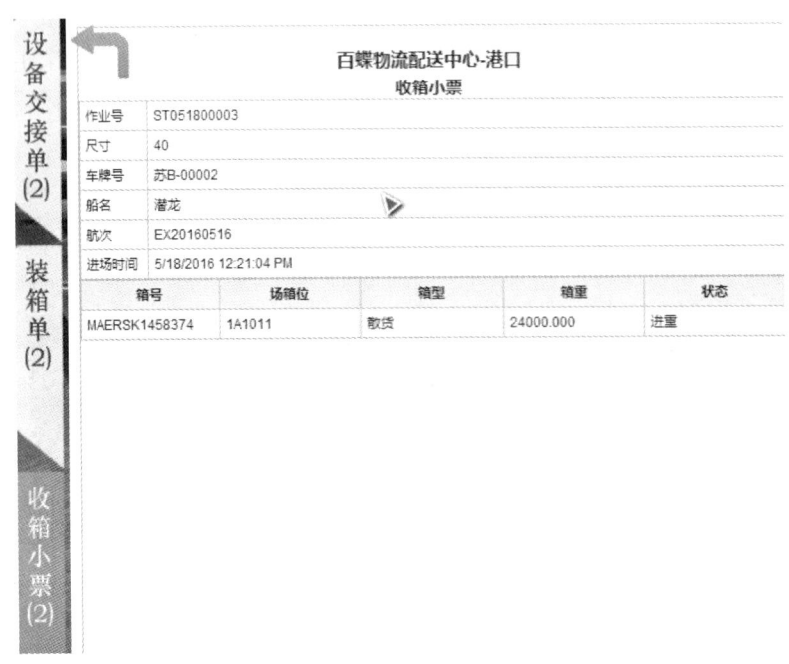

图 3-3-23 查看收箱小票

17. 按 Alt 键驾驶外集卡车去"1A1011"堆场，到达位置后按 Alt 键结束外集卡操作，将人物角色切换为"龙门吊司机"，按 Alt 键操作龙门吊，如图 3-3-24 所示。按 P 键启动龙门吊电源，按 Q 键进行选位，勾选"门口收箱"，点击"查询"，在"出口箱信息"勾选"40 英尺集装箱信息"，在"区位剖面图"选择"*1A1011"，然后再点击"选位"→"提交"，选位成功后该场箱位放箱子的位置会呈黄色高亮显示，如图 3-3-25 所示。

图 3-3-24 操作龙门吊

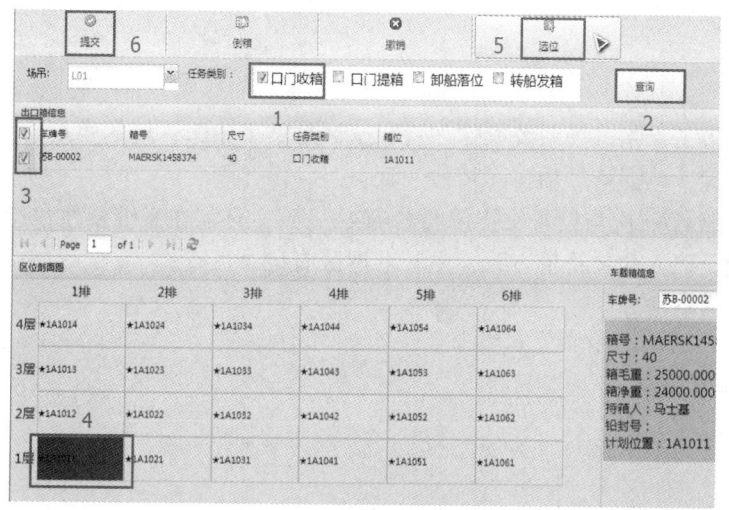

图 3-3-25 收箱选位

18. 按 A、D、W、S 键和方向键操作龙门吊（龙门吊的操作方法可参照任务二），将集装箱从集卡车上吊起放到"1A1011"堆场上，如图 3-3-26、3-3-27 所示。（按 F1、F2、F3 切换视角，便于吊箱）将外集卡开车开回集装箱货运站，此次重箱进场业务操作结束。

图 3-3-26 吊起箱子（40 英尺集装箱）

图 3-3-27 集装箱落座场箱位（40 英尺集装箱）

 小贴士

跟随主管学习了重箱进场系统操作之后,王×总结了重箱进场的要点:
(1)箱号正确,单据箱号和实际箱号一致;
(2)装箱单船名/航次与设备交接单船名/航次一致,且需在系统备注,近期安排有船期;
(3)中转港正确并和装箱单一致,中转港港区有记录可查;
(4)特种箱需备注。

知识链接

集装箱的发放和交接

集装箱的发放和交接,应依据《进口提货单》《出口订舱单》《场站收据》以及这些文件内列明的集装箱交付条款,实行《集装箱设备交接单》制度。从事集装箱业务的单位必须凭集装箱代理人签发的《集装箱设备交接单》办理集装箱的提箱(发箱)、交箱(还箱)、进场(港)、出场(港)等手续。

交接责任的划分:
(1)船方与港方交接以船边为界。
(2)港方与货方(或其代理人)、内陆(公路)承运人交接以港方检查桥为界。
(3)堆场、中转站与货方(或其代理人)、内陆(公路)承运人交接以堆场、中转站道口为界。
(4)港方、堆场中转站与内陆(铁路、水路)承运人交接以车皮、船边为界。

进口重箱提离港区、堆场、中转站时,货方(或其代理人)、内陆(水路、公路、铁路)承运人应持海关放行的《进口提货单》到集装箱代理人指定的现场办理处办理集装箱发放手续。集装箱代理人依据《进口提货单》、集装箱交付条款和集装箱运输经营人有关集装箱及其设备使用和租用的规定,向货方(或其代理人)、内陆承运人签发《出场集装箱设备交接单》和《进场集装箱设备交接单》。货方、内陆承运人凭《出场集装箱设备交接单》到指定地点提取重箱,并办理出场集装箱设备交接;凭《进场集装箱设备交接单》将拆空后的集装箱及时交到集装箱代理人指定的地点,并办理进场集装箱设备交接。

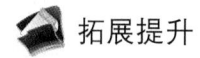 拓展提升

《集装箱设备交接单》的应用

1. 用箱人/运箱人栏。

由船舶代理人填写,填写时应列明责任方或委托方。

说明及要求:

(1) 责任方系指对集装箱使用过程中的灭失、损坏负有赔偿责任并负责支付集装箱超期使用费用的一方,或与海上承运人或其代理人签订集装箱使用合同的一方。他们可以是货方或货方代理人,或者是受货方或货方代理人委托的内陆(水路、公路、铁路)承运人,或者是根据委托关系向海上承运人或其代理人提供集装箱检验、修理、清洗、租赁、堆存等服务的单位。

(2) 委托方系指委托责任方进行内陆(水路、公路、铁路)运输的一方。他们可以是货方或货方代理人,也可以是内陆(水路、公路、铁路)承运人。责任方可要求船舶代理人将委托方列明于本栏内。凡一并列明责任方和委托方者,船舶代理人在向责任方收取集装箱超期使用费用时,可按委托方分别开列账单,便于责任方向委托方收取费用。

(3) 凡具备责任方条件者,方可向船舶代理人办理集装箱发放手续。凡责任方或委托方办理集装箱发放手续者,必须持责任方书面委托,并明示责任方与委托方办理集装箱发放手续,承担集装箱使用过程中发生的灭失、损坏,承担集装箱超期使用费。委托书中还应列明责任方和委托方的全称、地址、电话和经办人,列明银行结算账号。

2. 提箱地点栏。

进口拆箱由船舶代理人填写;出口装箱由港区、场/站填写;因检验、修理、清洗、租赁、堆存、转运出口而提离有关港区、场/站的空箱,提箱地点由船舶代理人填写。

3. 发往地点栏。

进口拆箱由船舶代理人填写;出口装箱由运箱人填写。

说明及要求:该栏是实施集装箱动态管理的重要栏目。船舶代理人通过计算机的统计分析,能随时掌握海上口岸的集装箱分布情况,为生产和箱管提供决策依据。填写时字体必须清楚,发往地点完整。

4. 来自地点栏。

进口拆箱内船舶代理人填写;出口装箱由运箱人填写。

说明及要求:如进口箱出口需套箱时,必须在套箱前到船舶代理人处办理套箱手续,更正"进场"联的"来自地点"栏,并加盖船舶代理人同意套箱字样,否则,港区、场/站不予收箱,船舶代理人将视其超期使用。

5. 返回/收箱地点栏。

进出口全部由船舶代理人填写。

说明及要求:用箱人/运箱人或港区、场/站必须严格按《集装箱设备交接单》规定的地点还箱、收箱;收箱地点必须符合《口岸国际集装箱场/站管理办法实施细则》的规定,向用箱人/运箱人提供服务。

6. 船名/航次栏。

进出口全部由船舶代理人填写。

7. 集装箱箱子栏。

进口拆箱由船舶代理人填写；出口装箱除指定箱号外，由港区填写。

说明及要求：因出口货物短装或退关造成集装箱不能按《集装箱设备交接单》规定的船名/航次使用，用箱人/运箱人可持该单证"进场"联到船舶代理人处办理更正手续后可继续使用。

8. 尺寸/类型栏。

进出口全部内船舶代理人填写。

9. 营运人栏。

进出口全部由船舶代理人填写。

说明及要求：

（1）营运人栏是港区、场/站对集装箱进行管理的主要依据。凡《集装箱设备交接单》签发后，营运人发生变更时必须由船舶代理人及时通知港区、场/站。

（2）用箱人/运箱人根据情况需要套箱时，必须于套箱前到船舶代理人处办理套箱手续，以免盲目套箱。

10. 提单号栏。

进口拆箱由船舶代理人填写，出口装箱由运箱人要求装箱点填写。

说明及要求：凡货运站交付或拼箱交货的进出口集装箱，只需在该栏内列明一票提单号码，但填写必须清楚正确。

11. 铅封号栏。

进口拆箱由船舶代理人填写，出口装箱由运箱人要求装箱点填写。

12. 免费使用期栏。

进出口全部由船舶代理人填写。

13. 运载工具牌号栏。

进出口全部由运箱人填写。

说明及要求：填写时必须列明内陆承运人单位简称及承运车辆牌号。

14. 出场目的/状态栏。

由船舶代理人填写。

15. 进场目的/状态栏。

由船舶代理人填写。

16. 出场日期栏。

由港区、场/站道口填写。

17. 进场日期栏。

由港区、场/站道口填写。

18. 出场检查栏。

由运箱人与港区、场/站道口工作人员联合检查。

场/站道口工作人员注明程度及尺寸。

19. 进场检查栏。

由运箱人与港区、场/站道口工作人员联合检查。如有异状，由港区、场/站道口工作人员注明程度及尺寸。

说明及要求：集装箱进出场责任划分，交接前由交方承担，交接后由接方承担。

20. 用箱人/运箱人签署栏。

由运箱人签署。

21. 码头/堆场值班员签字栏。

由港区、场/站道口工作人员签署。

说明及要求：签署《集装箱设备交接单》时，字体必须清楚，姓名应写全名。

22. 注意事项。

《集装箱设备交接单》业经签发不得更改。凡需更改者，必须到船舶代理人处办理更正手续，并于《集装箱设备交接单》更正处盖有船舶代理人箱管更正章，其他更正章一律无效。未经办理更正手续的《集装箱设备交接单》一律不得进入港区，违者按规定追究责任。

项目四

集装箱港口进口作业实务

任务一　集装箱进口流程

【知识目标】

1. 掌握集装箱进口作业基本流程。
2. 掌握卸船前准备工作中岸桥司机、龙门吊司机、内集卡司机、堆场指挥员等岗位职责。
3. 了解编制靠泊计划方法，规定船舶的靠泊泊位、作业时间、作业任务分配。

【技能目标】

1. 掌握进口集装箱单、报关单缮制方法。
2. 卸船前准备工作中集卡调度、卸船配载、龙门吊、岸桥等设备操作方法。

【素养目标】

1. 积极开展励志教育，立鸿鹄志、做奋斗者。
2. 开展职业道德操守教育，踏踏实实，兢兢业业。

任务实施

王×学习了集装箱出口及重箱进场之后，已大致了解码头作业流程，从老员工处了解到集装箱进口流程相对于出口流程要简洁一些，但是王×仍不敢大意，她认为每一箱货物对于客户而言都很重要，她暗自下定决心，提高自己职业道德操守，务必认真对待集装箱进口的每一环节。

任务准备

一、集装箱进口单据作业流程

集装箱进口单据作业流程（图 4-1-1）如下：

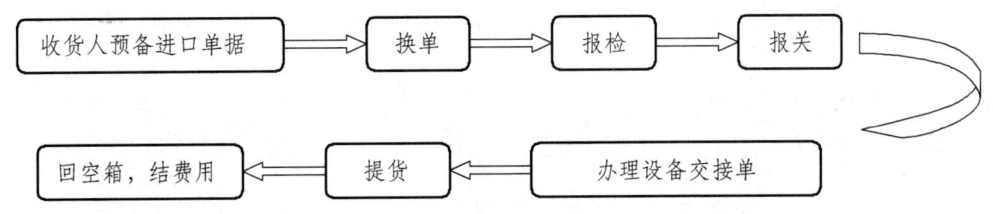

图 4-1-1 集装箱进口单据作业流程

1. 收货人预备进口单据：收货人向货代提供进口全套单据，货代提前联系场站并确认好提箱费、掏箱费、装车费、回空费等相关费用。

2. 换单：货代在指定船代或船公司确认该船到港时间、地点，如需转船，必须确认二程船名。凭正本提单到船公司或船代换取提货单。

3. 报检：检验检疫局根据"商品编码"中的监管条件，确认此票货物是否需要做商检。

4. 报关：收货人自行报关，或委托报关行报关。海关按要求办理通关手续。

5. 办理报备交接单：货代凭小提单到船代箱管部办理进口集装箱各项费用的押款手续，办理设备交接单。

6. 提货：货代或收货人凭交货记录，联系拖车去船代或船公司指定码头、场站提取货物。

7. 回空箱，结算费用：收回人拆空进口货物后，将空箱返回指定的回箱地点。空箱返回指定堆场后，收货人要及时凭押款凭证，到箱管部办理集装箱费用的结算手续。

二、集装箱进口箱务作业流程

1. 卸船前准备工作。
2. 卸船作业。
3. 交接进口集装箱单据。
4. 交付清点箱、货。

任务实施

1. 使用自己的账号进行登录，登入系统后，选择"任务十四 集装箱码头进口作业管理"→"港口调度员"→"准备"→"开始"，进入 3D 虚拟场景。

2. 控制人物走近电脑，根据提示按 Alt 键操作电脑，打开虚拟电脑界面上的 进入船舶管理系统。

3. 选择"船次登记"，可以看到系统中已经录入的船次信息，如图 4-1-2 所示。

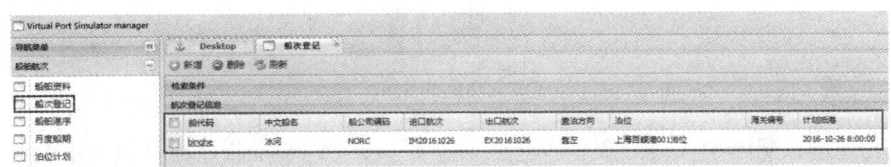

图 4-1-2 录入的船次信息

4. 选择"月度船期",在"月度船期维护"窗口中填写"登记号",选择"船名"信息后点"保存",如图 4-1-3 所示。

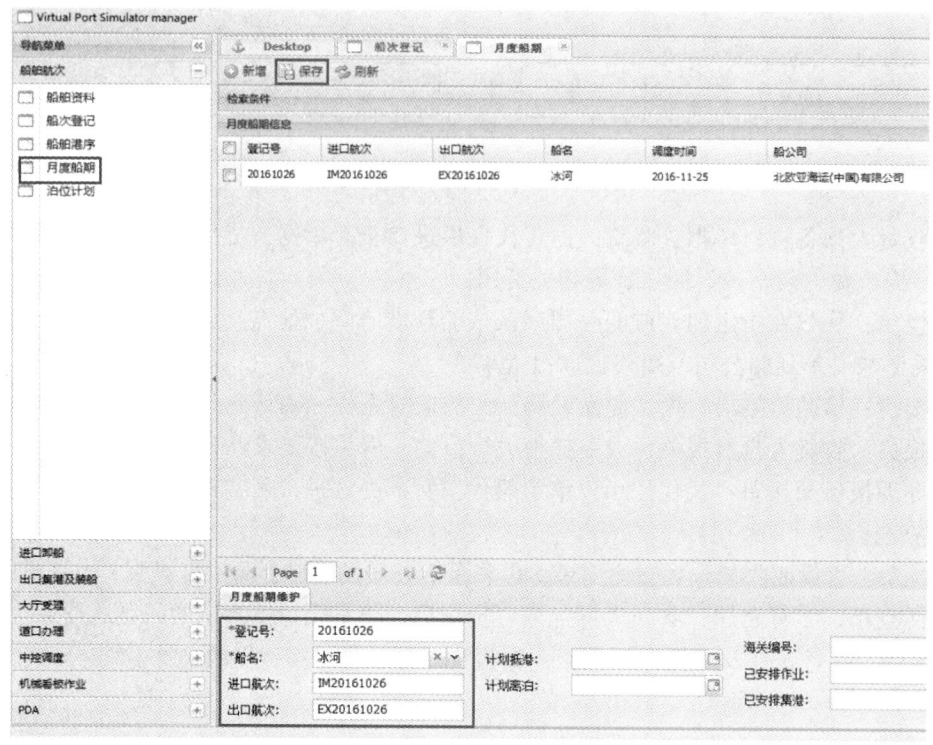

图 4-1-3　安排月度船期

5. 选择"泊位计划",选择 001 泊位,按住鼠标左键选择"计划抵港与离港时间",选择好后会出现方框 3 部分,点击鼠标左键打开方框 3 部分,选择"船期"→"保存"→"提交",如图 4-1-4 所示。

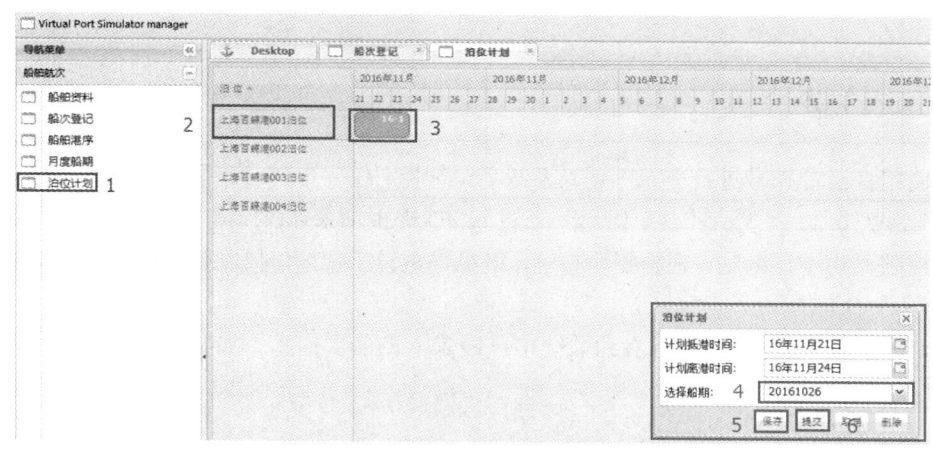

图 4-1-4　安排泊位计划

6. 选择"进口船图录入与修改"→"进口航次"→"查询",查看已经录入的集装箱信息,勾选相应的集装箱信息,点击"提交",如图 4-1-5 所示。

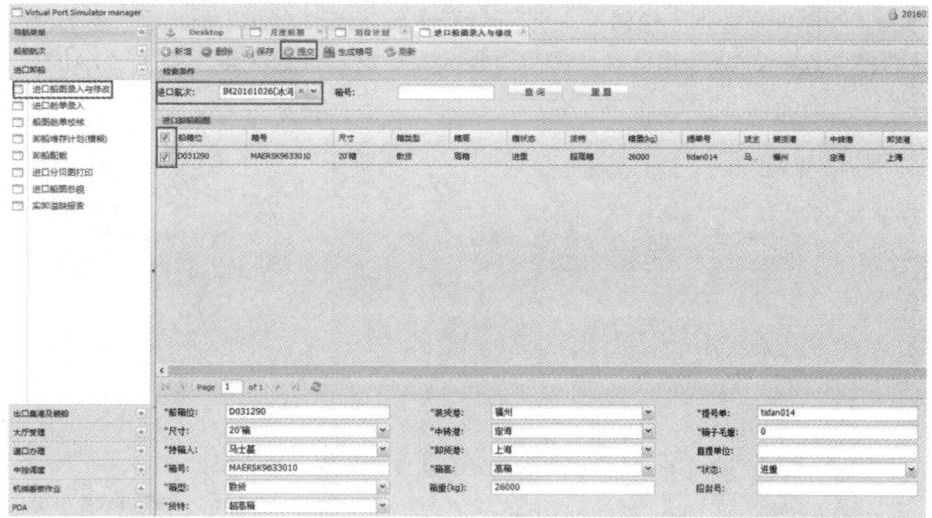

图 4-1-5　进口船图提交

7. 选择"进口舱单录入"→"进口航次"→"查询",查看已经录入的集装箱信息,勾选相应的集装箱信息,点击"提交",如图 4-1-6 所示。

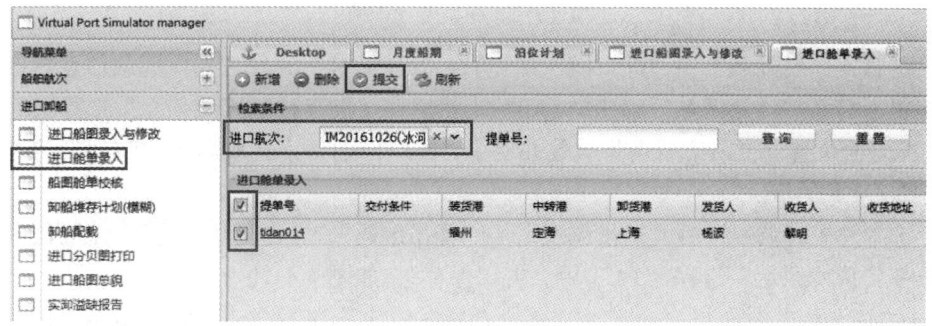

图 4-1-6　进口舱单提交

8. 选择"船图舱单校核"→"进口航次"→"查询",出现"船图舱单集装箱信息",点击"复核"→"提交",如图 4-1-7 所示。

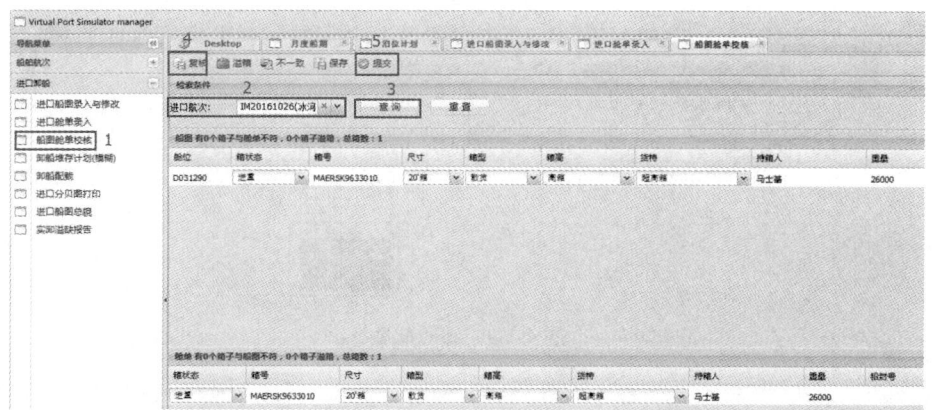

图 4-1-7　船图舱单校核

9. 选择"卸船堆存计划（模糊）"→"进口航次"，点击"分类"后出现"船舶航次信息"，在"箱区选择"选择"1A"箱区和"07"贝位，在"堆场计划区域"点击"1A07"，然后点击"保存"→"提交"，如图 4-1-8 所示。

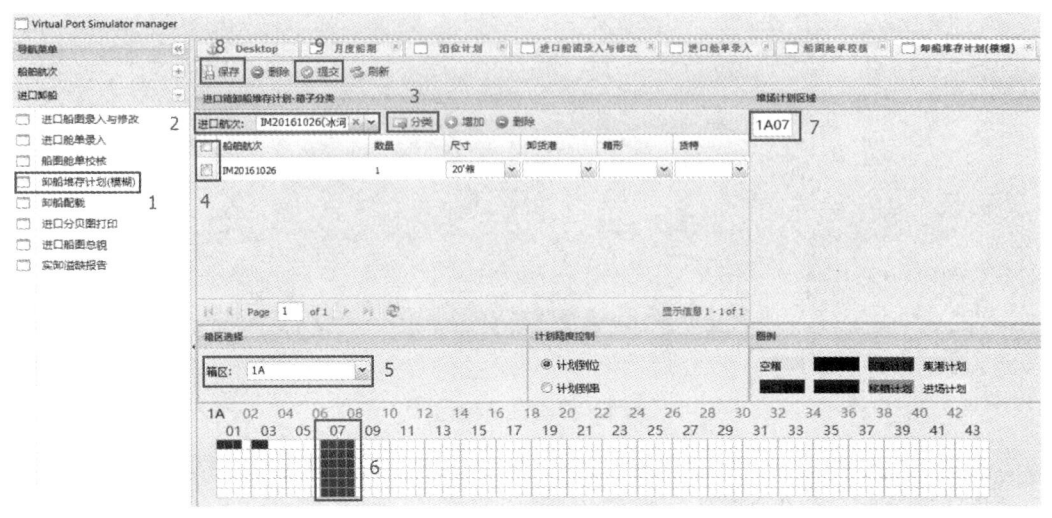

图 4-1-8　卸船堆存计划

10. 选择"卸船配载"→"进口航次"，勾选"船舶航次"，在"船图配载信息"点击方框 4 可配位置，再在"计划区域"点击"1A07"，然后在"堆存计划区域信息"选择最底层位置（不能选择上面位置，否则集装箱将被放在空中，配载计划将不会成功），点击"保存"→"提交"，如图 4-1-9 所示。

11. 选择"中控调度"→"场吊调度"→"场吊编码"，在"堆场信息"1A 区域中点击方框 6，再在"调度区域"选择"1A"后点击"保存"，如图 4-1-10 所示。

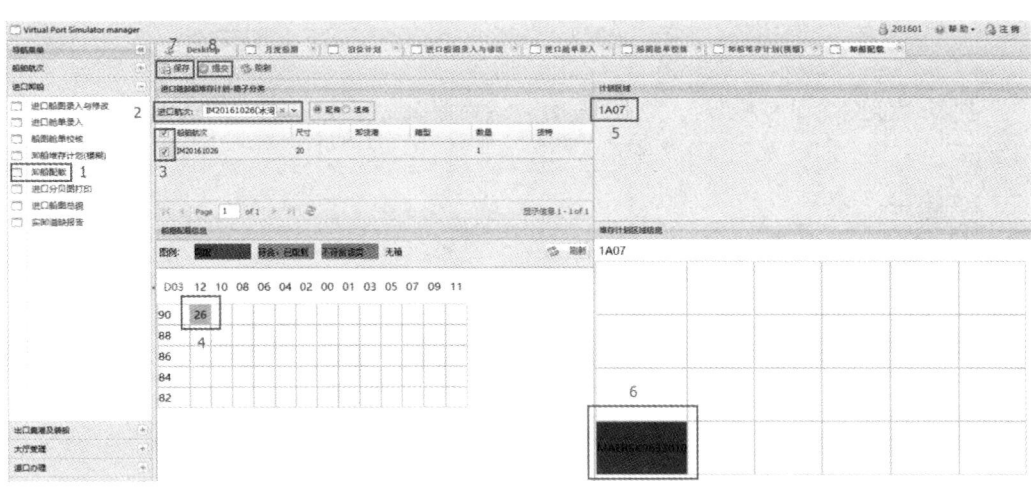

图 4-1-9　卸船配载

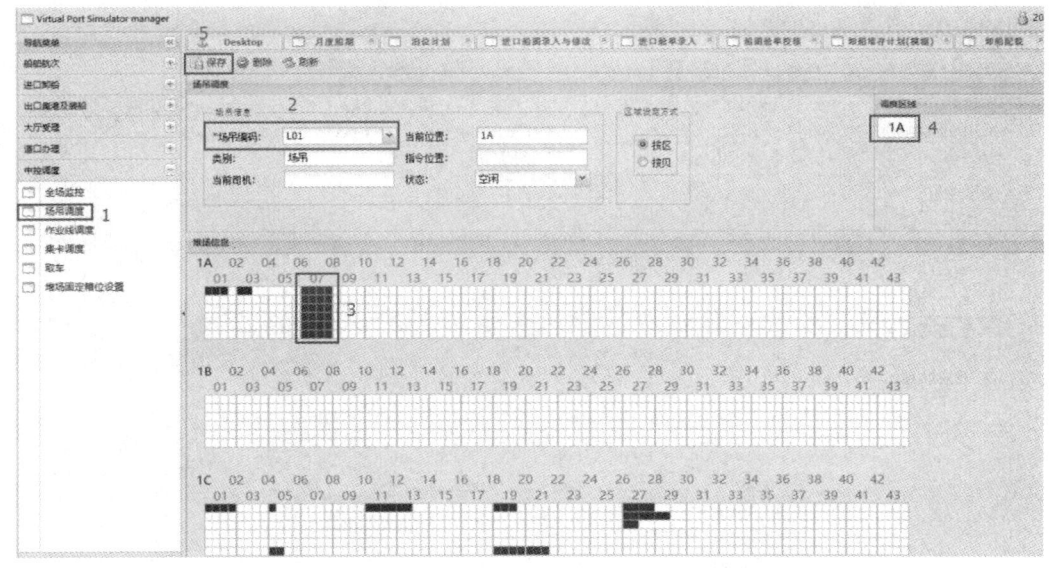

图 4-1-10 场吊调度

12. 选择"作业线调度"→"进口"→"航次",依次点击 Q01 和 D01 部分,然后点击"保存"→"提交",如图 4-1-11 所示。

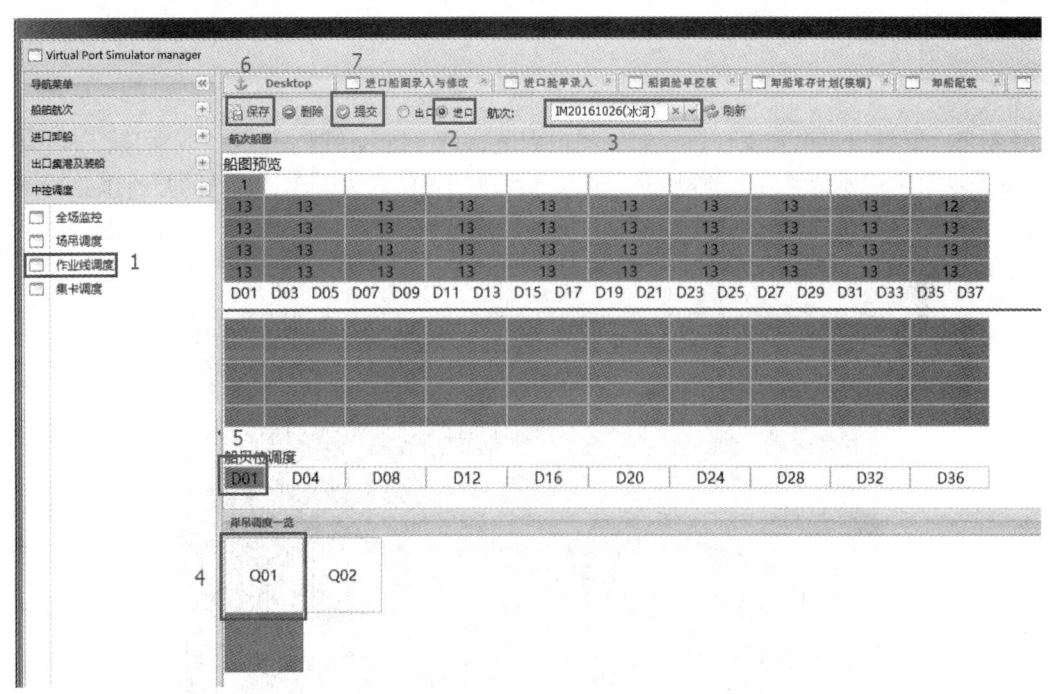

图 4-1-11 作业线调度

13. 选择"集卡调度",在"作业路信息"勾选 Q01,点击"要箱车辆",在"集卡信息"中勾选车辆安排,然后点击"保存"→"提交",如图 4-1-12 所示。

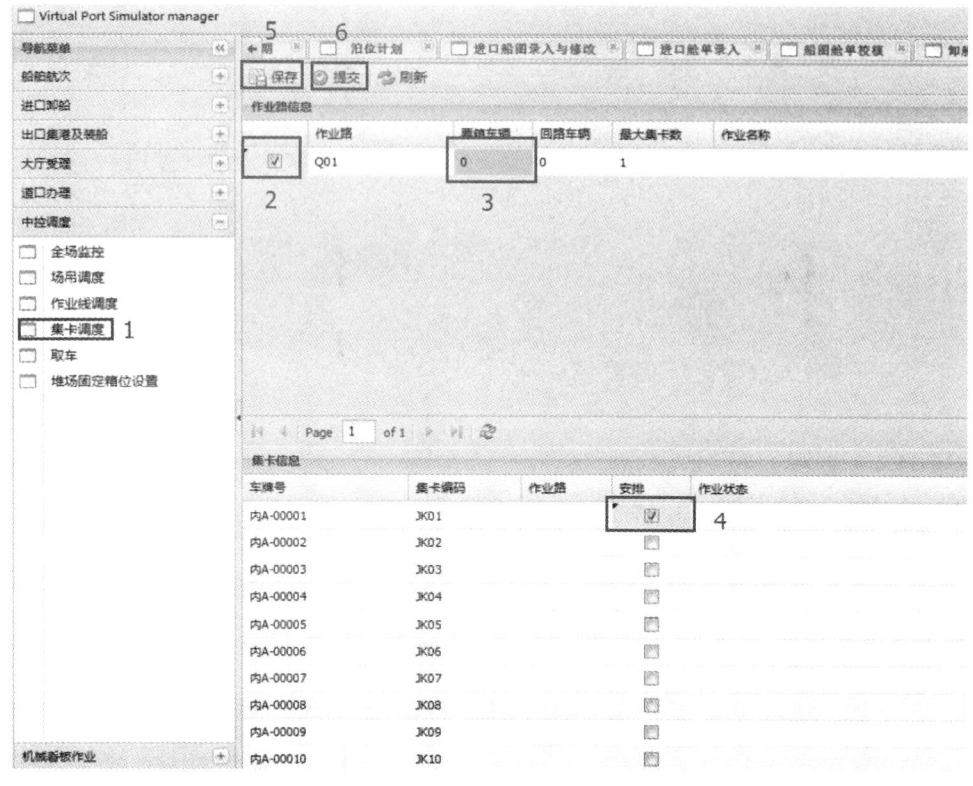

图 4-1-12 集卡调度

14. 按 Alt 键退出电脑操作，控制人物走到电梯口，按 Alt 键坐电梯下到一楼，走出中控楼，将人物角色切换为"内集卡司机"，进入已经预约好的内集卡车，点击"开始作业"，按 T 键将车开向指定的目的地，到达"Q01"目的地后点击"就绪"，按 Alt 键下车，如图 4-1-13 ~ 4-1-15 所示。

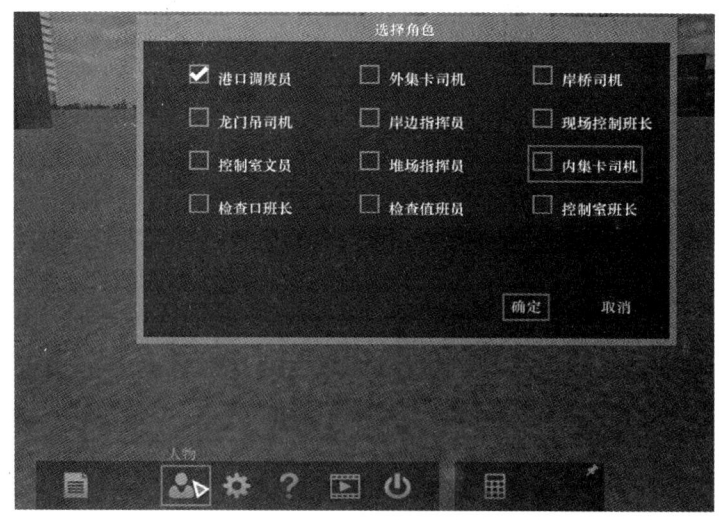

图 4-1-13 将人物角色切换为"内集卡司机"

图 4-1-14　内集卡车

图 4-1-15　车辆到位

15. 将人物角色切换为"岸桥司机"，按 Alt 键驾驶岸桥，按 Q 键打开"选位"窗口，勾选相应集装箱，在"船贝位信息"选择贝位后点击"选位"，关闭窗口。按照任务二中的操作方法将船上显示"高亮黄色"处的集装箱放在内集卡车上，然后按 Alt 键退出岸桥操作，如图 4-1-16～4-1-20 所示。

图 4-1-16　将人物角色切换为"岸桥司机"

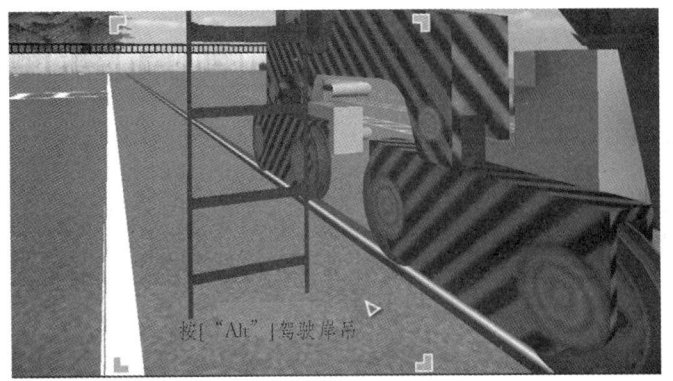

图 4-1-17　驾驶岸吊

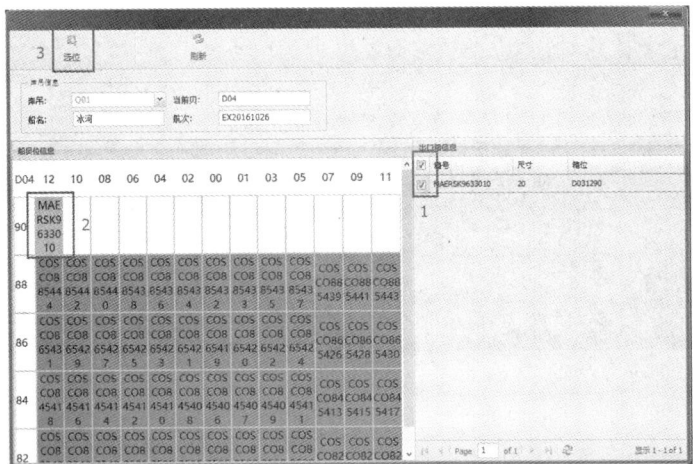

图 4-1-18　选位

图 4-1-19　选位后显示集装箱

图 4-1-20　将集装箱放在内集卡车上

16. 将人物角色切换为"堆场指挥员",按 Q 键打开手持终端,双击界面上的"进入管理信息系统",点击"卸船作业",选择完卸船作业信息后点击"确定",然后按 Q 键收起手持终端,如图 4-1-21、4-1-22 所示。

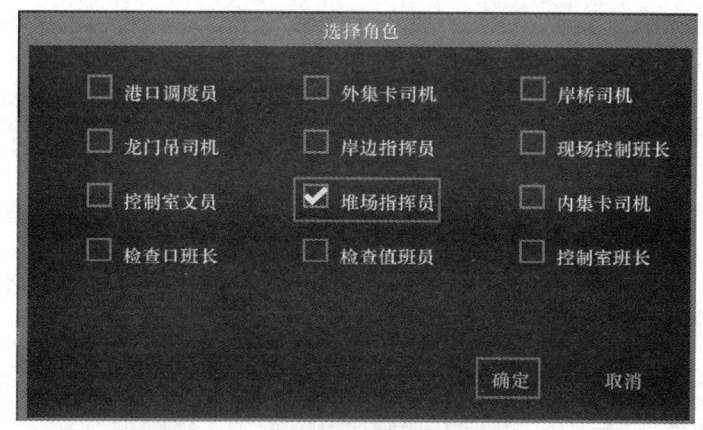

图 4-1-21　将人物角色切换为"堆场指挥员"

图 4-1-22　操作手持终端

17. 将人物角色切换为"内集卡司机",开车至显示器上的目的地,停车点击"就绪"后下车,如图 4-1-23 所示。

图 4-1-23　开车至"L01"

18. 将人物角色切换为"龙门吊司机",走到楼梯处,按 Alt 键操作场吊,进入控制室后,按 Q 键进行选位,首先在"任务类型"中勾选"卸船落位",点击"查询",再在"出口箱信息"里勾选相应集卡信息,最后点击"选位"→"提交",如图 4-1-24 所示。

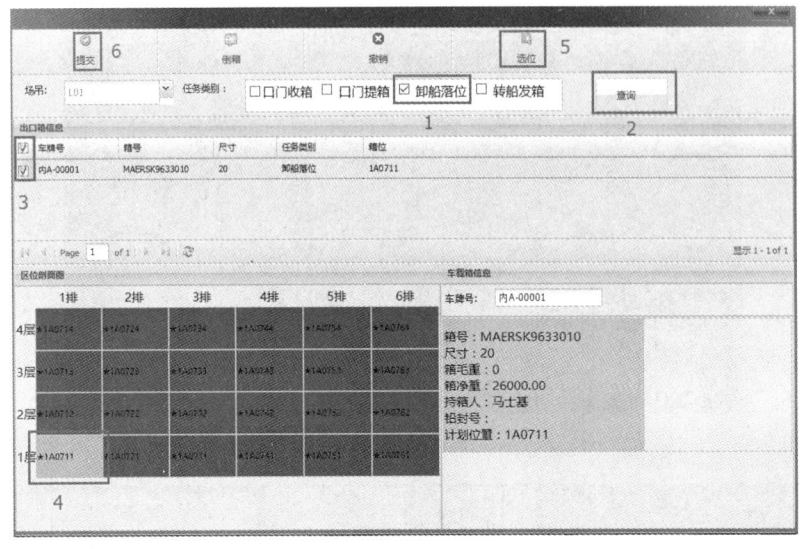

图 4-1-24　卸船选位操作

19. 驾驶龙门吊将箱子从集卡车上吊起,按照任务二中的操作方法,将集卡车上的集装箱吊至场箱位的"高亮黄色"方框位置,落位成功后,将龙门吊升到安全位置,然后按 Alt 键退出操作,如图 4-1-25、4-2-26 所示。

图 4-1-25　选位成功后出现

图 4-1-26　集装箱落位成功

20. 将人物角色切换为"内集卡司机",将内集卡车开回至原位。

21. 将人物角色切换为"外集卡司机",按 M 键打开传送地图,双击鼠标左键将人物传送至集装箱货运站,进入办公室,走近电脑,根据提示按 Alt 键操作电脑,双击打开虚拟电脑界面上的 进入集卡管理系统,在"提箱预约"勾选"集装箱信息",点击"预约"→"打印",然后按 Alt 键退出电脑,光标对准左边的打印机按住 Ctrl 的同时单击鼠标左键拿起打印好的单据。出门靠左手边会看到集卡公司取车点,根据提示按 Alt 键操作取车,点击"取车",在"车辆信息列表"勾选"集装箱信息",确认"取车",然后按 Alt 键结束取车操作,如图 4-1-27～4-1-29 所示。

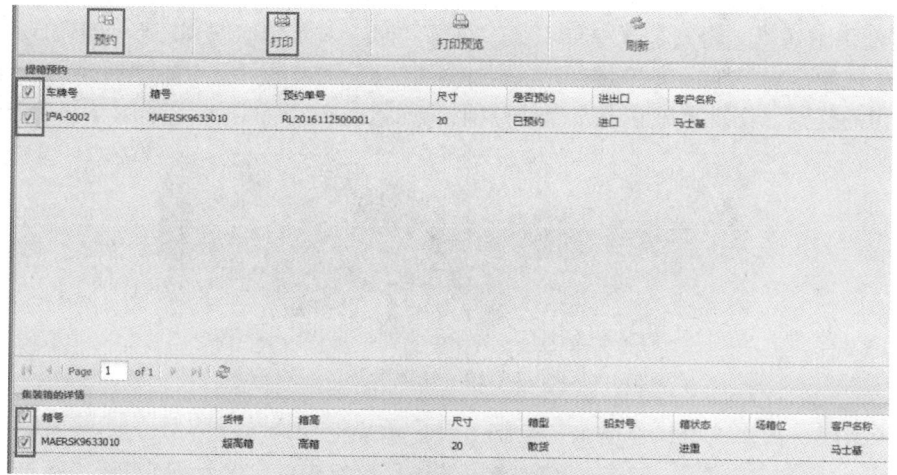

图 4-1-27　预约车辆

图 4-1-28　打印预约单

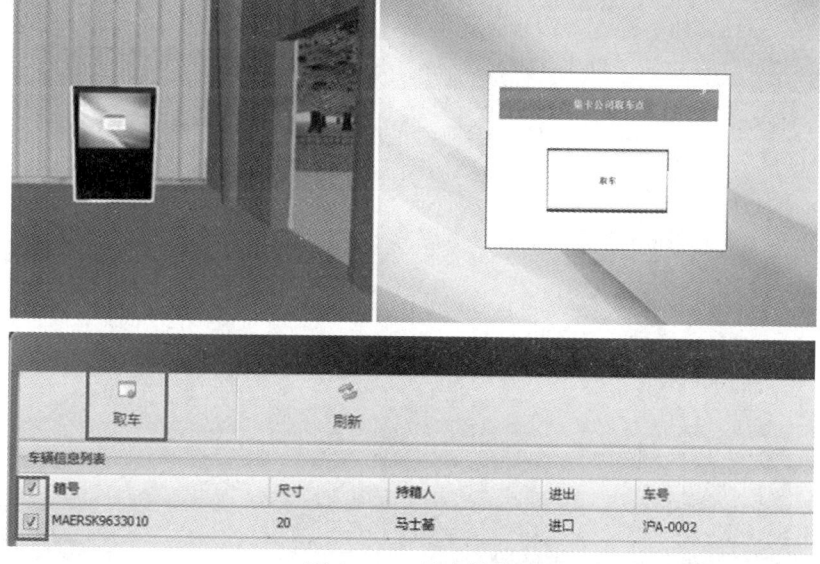

图 4-1-29　取车操作

22. "外集卡司机"来到集装箱货运站的站台外面,会看到已经预约好的车辆,走进集卡车,按 Alt 键操作集卡车,按 T 键挂挡驾驶卡车出门左转去港口,根据地面提示,选择 8 个进场通道中的任意一个,将外集卡车驾驶到闸口旁边,按 Alt 键下车,如图 4-1-30 所示。

图 4-1-30 外集卡车

23. 根据提示按 Alt 键操作电脑,电脑上会显示集卡和集装箱信息,点击"确认",如图 4-1-31 所示。点击"查询",勾选"预约选箱确认"窗口中的"集装箱信息",点击"开闸"→"打印小票",按 Alt 键退出电脑,在左边的打印机前面,根据提示按住 Ctrl 键的同时单击鼠标左键拿起打印好的小票,如图 4-1-32 所示。

图 4-1-31 确认集卡和集装箱信息

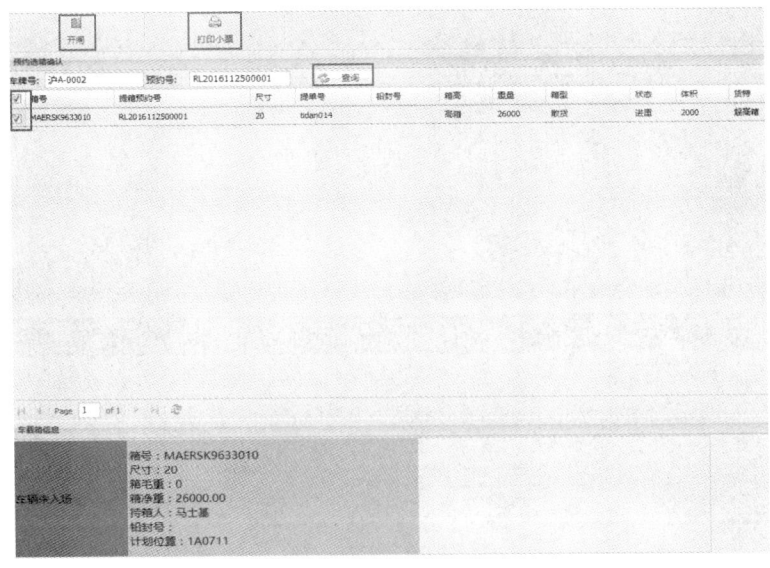

图 4-1-32 开闸

24. 在任务栏中单击"打开单据",如图 4-1-33 所示。选择"提箱小票",双击打开提箱小票的详细信息,查看集装箱场箱位置为"1A0711",如图 4-1-34 所示。然后在任务栏中单击"单据"按钮,收起单据。

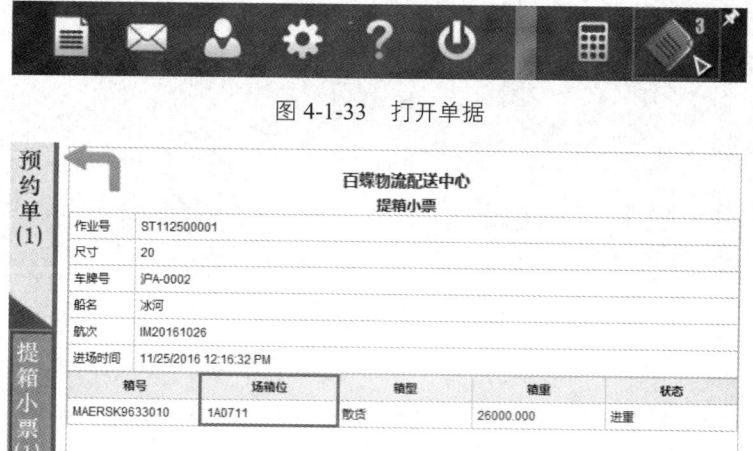

图 4-1-33　打开单据

图 4-1-34　查看提箱小票

25. 按 Alt 键驾驶外集卡车去"1A0711"堆场,到位置后按 Alt 键结束外集卡操作,将人物角色切换为"龙门吊司机",按 Alt 操作龙门吊,进入到控制室后,按 Q 键进行选位,勾选"口门提箱",点击"查询",在"出口箱信息"勾选相应集装箱信息,在"区位剖面图"选择"*1A0711",然后再点击"选位"→"提交",选位成功后该场箱位的集装箱会呈黄色高亮显示,如图 4-1-35 所示。

26. 按 A、D、W、S 键和方向键操作龙门吊(龙门吊操作方法可参照任务二),将集装箱从"1A0711"堆场上吊起放到集卡车上,按 Alt 键结束场吊操作(按 F1、F2、F3 切换视角,便于吊箱),如图 4-1-36 所示。

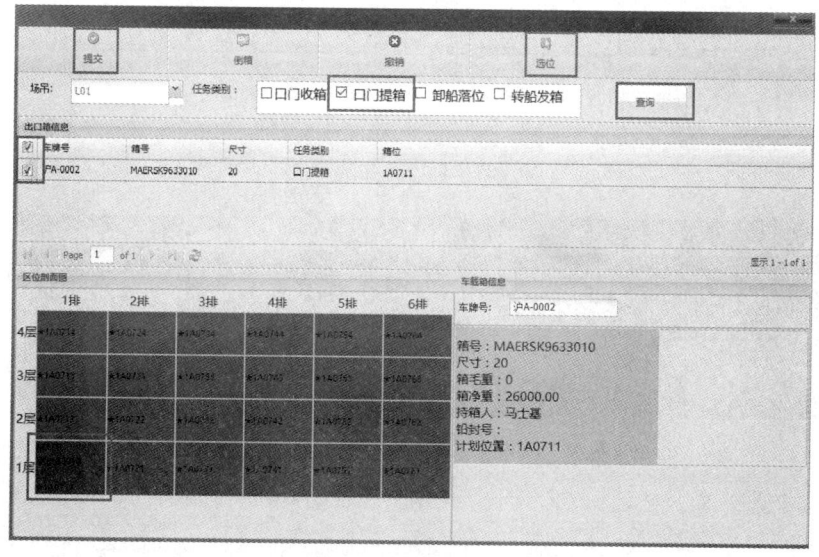

图 4-1-35　提箱选位

- 97 -

图 4-1-36 集装箱装车

27. 将人物角色切换为"外集卡司机",将外集卡车开回集装箱货运站,根据闸口地面信息及箭头提示,驾驶外集卡车从出场的 8 个闸口通道中的任意一个闸口驶出,外集卡车行驶至检查口办公室处,按 Alt 键下车,走进检查口办公室,根据提示按 Alt 键操作电脑,此时电脑上会出现集卡和集装箱信息,点击"开闸",返回按 Alt 键驾驶外集卡车回到集装箱货运站,如图 4-1-37、4-1-38 所示。

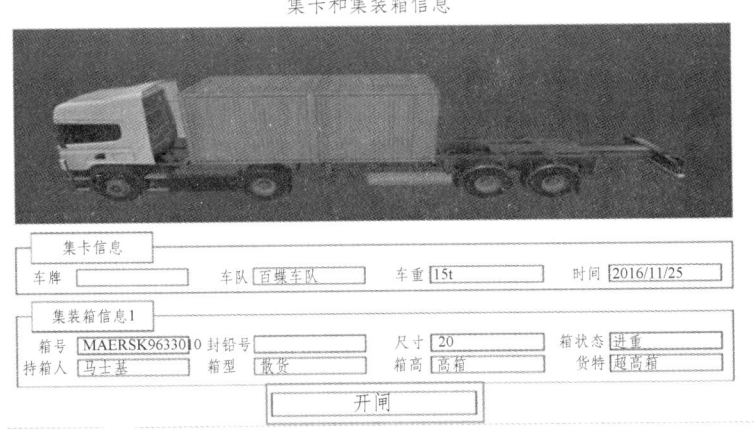

图 4-1-37 开闸

图 4-1-38 外集卡车回到集装箱货运站

知识链接

表 4-1-1 中华人民共和国海关进口货物报关单

预录入编号：　　　　　　　　　　　　　　　　　　　海关编号：

进口口岸 上海海关	备案号		进口日期 20190217	申报日期 20190218	
经营单位 上海申坤进出口公司	运输方式 水路运输		运输工具名称 MSC/889	提运单号 MSC89755	
收货单位 上海申坤进出口公司	贸易方式 一般贸易		征免性质 一般征税	征税比例	
许可证号	起运国（地区） 澳大利亚		装货港	境内目的地	
批准文号	成交方式 CFR		运费	保费	杂费
合同协议号	件数		包装种类	毛重 （千克）	净重 （千克）
集装箱号	随附单据		用途		
标记唛码及备注					
项号	商品编号	商品名称、规格型号、数量及单位	原产国（地区）	单价　　总价	币制　　征免
01	0205000090	31 500 千克	澳大利亚	2.80　　88 200.00	美元　　照章征税
税费征收情况					
录入员	录入单位		兹声明以上申报无误并承担法律责任	海关审单批注及放行日期（签章） 审单　　审价	
报关员				征税　　统计	
单位地址 邮编	电话		申报单位（签章） 填制日期	查验　　放行	

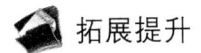 拓展提升

报关单填制说明

（一）进口口岸/出口口岸——进口日期/出口日期——申报日期——填制日期

A. 进口口岸/出口口岸（必填，不得为空）

应填报相应的口岸海关名称及代码（有隶属关的填隶属关，无隶属关的可填直属关）。

1. 实际进出境货物（含进口、出口转关货物），应填报实际进境地或出境地海关名称及代码。

2. 非实际进出境货物，填报接受货物申报的海关名称及代码。

几种特殊情况：跨关区深加工结转货物；不同海关特殊监管区域或保税监管场所之间调拨、转让的货物；加工贸易货物、特定进出口货物。

B. 进口日期/出口日期

如填写，应填8位数，顺序为年（4位）、月（2位）、日（2位）。例如：20100901。

1. 进口日期（有时可为空）

填报运载所申报进口货物的运输工具申报进境的日期。进口申报时无法确知实际进境日期时，可免予填报。

无实际进出境货物、集中申报的货物，以海关接受申报日期为准。

2. 出口日期（申报时免填）申报时免予填报。

C. 申报日期（申报时免填）

海关接受进出口货物申报的日期。

D. 申报单位（考生不必填写）

本栏目指报关单左下方用于填报申报单位有关情况的总栏目，包括申报单位、报关员、申报单位地址、邮编、电话及填报日期等分项目。申报单位应填报申报单位的中文名称及编码，并签印。

填报日期应填8位数，顺序为年（4位）、月（2位）、日（2位）。

（二）经营单位——收货单位/发货单位——境内目的地/境内货源地——用途/生产厂家（出口报关单）

A. 经营单位（必填，不得为空）（重点考核内容）

应填报对外执行合同的中国境内经营单位名称及经营单位编码。

经营单位编码为10位数字，第1~4位数为进出口单位属地的行政区划代码，第5位数为市内经济区划代码，第6位数为进出口企业经济类型代码，第7~10位数为顺序编号。

确定经营单位原则如下：

1. 以对外签订并执行合同的我国境内企业为经营单位。如果合同的签订者与执行者不是同一企业，则以执行合同的境内企业为经营单位。

2. 报关企业代理其他进出口企业办理报关手续时，以委托的进出口企业为经营单位。

3. 进出口企业之间相互代理进出口，或没有进出口经营权的企业委托有进出口经营权的企业代理进出口的，以代理方为经营单位。

4. 外商投资企业委托外贸企业进口投资总额以内设备、物品的，以外商投资企业为经营

单位,并在"标记唛码及备注"栏注明"委托××企业进口"。

注意:中外合作企业、中外合资企业、外商独资企业统称外商投资企业。

但是外商投资企业委托外贸企业进口生产用原材料,应以外贸企业为经营单位。

5. 境内企业委托驻港澳机构成交的货物,以委托人(境内法人)为经营单位。

B. 收货单位/发货单位(必填,不得为空)(重点考核内容)

1. 收货单位,是指已知的进口货物在境内的最终消费、使用单位。包括:自行从境外进口货物的单位;委托进出口企业进口货物的单位。

2. 发货单位,是指出口货物在境内的生产或销售单位。包括:自行出口货物的单位;委托进出口企业出口货物的单位。

本栏目具体填报要求为:

有海关注册编码或加工企业编码的,应填企业中文名称及编码;无编码的填中文名称。

C. 境内目的地/境内货源地(必填,不得为空)

应填报国内地区中文名称或代码。

1. 境内目的地,是指已知的进口货物在境内的消费、使用地或最终运抵地。

2. 境内货源地,是指出口货物在境内的生产地或原始发货地。

说明:本栏目应根据进口货物的收货单位、出口货物生产厂家或发货单位所属国内地区填报。

D. 用途/生产厂家

1. 用途(必填,不得为空):进口货物,应按海关规定的《用途代码表》选择填报相应的用途名称或代码。

2. 生产厂家:出口货物,应填报其境内生产企业的名称。仅供必要时填报。

(三)备案号——贸易方式——征免性质——用途/生产厂家(进口报关单)——征免

A. 备案号(有时可为空)(重点考核内容)

有备案审批文件的,应填其编号(其长度通常为 12 位数)。无备案审批文件的,本栏目不必填写。

必须填报备案号的情形主要是:

1. 加工贸易货物(包括进口料件及出口制成品);

2. 加工贸易进口的设备(例如不作价设备);

3. 出入出口加工区的保税货物;

4. 减免税进口货物;

5. 实行原产地证书联网管理的香港、澳门 CEPA 项下的进口货物;

6. 适用 ITA 税率的进口商品。

B. 贸易方式(必填,不得为空)(重点考核内容)

本栏目应按海关规定的《贸易方式代码表》选择填报相应的贸易方式简称或代码。

重要的贸易(监管)方式有:

1. 一般贸易(0110)。

2. 加工贸易货物:

(1)来料加工(0214);(2)进料对口(0615);(3)加工贸易设备(0420)、不作价设备(0320)。

注意：加工贸易货物内销、结转、复出、退换、放弃时贸易方式的填报要求。

3. 外商投资企业投资进口的设备物品：

（1）合资合作设备（2025）、外资设备物品（2225）；（2）一般贸易（0110）。

4. 减免税设备结转：（1）减免设备结转（0500）；（2）加工设备结转（0456）。

5. 暂时进出境货物：（1）暂时进出货物（2600）；（2）展览品（2700）。

6. 货样、广告品：（1）货样广告品A（3010）；（2）货样广告品B（3039）。

7. 无代价抵偿进出口货物：（1）无代价抵偿（3100）；（2）其他（9900）。

8. 退运货物：（1）退运货物（4561）；（2）直接退运（4500）。

C. 征免性质（通常情况下必填，但偶尔可为空）（重点考核内容）

本栏目应按海关规定的《征免性质代码表》选择填报相应的征免性质简称或代码。

但加工贸易结转货物（余料结转、深加工结转），本栏目为空。

重要的征免性质有：

1. 一般征税（101）。

2. 其他法定（299）。

3. 加工贸易货物：（1）来料加工（502）；（2）进料加工（503）；（3）加工设备（501）。

4. 外商投资企业进出口货物：

（1）鼓励项目（789）；（2）自有资金（799）；（3）中外合资（601）；（4）中外合作（602）；（5）外资企业（603）。

5. 科教用品（401）。

D. 用途／生产厂家

1. 用途（必填，不得为空）：进口货物，应按海关规定的《用途代码表》选择填报相应的用途名称或代码。

2. 生产厂家：出口货物，应填报其境内生产企业的名称。仅供必要时填报。

E. 征免（必填，不得为空）（重点考核内容）

本栏目应对报关单所列每项商品，按海关规定的《征减免税方式代码表》选择填报相应的征减免税方式的名称。

"加工贸易手册"中备案的征免规定为"保金"或"保函"的，不能按备案的征免规定填报，而应填报"全免"。

常见的征免方式有：照章征税；全免；保证金； 保函。

（四）运输方式——运输工具名称——提运单号

A. 运输方式（必填，不得为空）（重点考核内容）

应按海关规定的《运输方式代码表》选择填报相应的运输方式名称或代码。

实际进出境货物的运输方式与无实际进出境货物的运输方式，其填写方式很不相同。

实际进出关境货物的运输方式：

实际进境货物（含进口转关运输货物），按货物运抵我国关境第一个口岸时的运输方式填报；

实际出境货物（含出口转关运输货物），按货物运离我国关境的最后一个口岸时的运输方式填报。

B. 运输工具名称（有时可为空）（重点考核内容）

纸质报关单中，本栏目一般应填报运输工具名称或编号，以及航次号。

应区分实际进出境货物和无实际进出境货物的填报要求。对于无实际进出境的货物，本栏目为空。

对于实际进出境货物，在纸质报关单中，"运输工具名称"栏目填写要求为：

对于实际进出境货物，如果在境内进行了转关运输，则"运输工具名称"栏目填写要求较为复杂。

除特殊规定外，进出境转关运输货物中"运输工具名称"栏目一般应填报为："@"+16位转关申报单预录入号（或13位载货清单号）。

说明：英文单据中"Ocean Vessel"指的是船名；"Voyage No."或"Voy. No."指的是船次号。也有可能将船名和航次号都写在"Vessel"一栏。

C. 提运单号（有时可为空）（重点考核内容）

应填报进出口货物提单或运单的编号。应区分实际进出境货物和无实际进出境货物的填报要求。

对于无实际进出境的货物，本栏目为空。对于实际进出境，并在进出境地报关的货物，该栏目填报要求为：

对于集中申报的货物，该栏目填报归并的集中申报清单的进出起止日期[按年（4位）月（2位）日（位）年（4位）月（2位）日（2位）填写]，例如2009061520090701。

对于实际进出境货物，如果在境内进行了转关运输，其"提运单号"栏目填写要求。

说明：英文单据中"Bill of Lading No."或"B/L No."指的是海运提单号；"Air Waybill"指的是空运运单。其中"Master Air Waybill"或"M.A.W.B"指的是空运总（主）运单；"House Air Waybill"或"H.A.W.B"指的是空运分运单。

（五）结汇方式（出口报关单）——成交方式——运费——保费——杂费

A. 征税比例/结汇方式

1. 征税比例（不必填报）：进口报关单中，该栏目不必填报。

2. 结汇方式（必填，不得为空）（重点考核内容）

出口报关单中，本栏目应按海关规定的《结汇方式代码表》选择填报相应的结汇方式名称或代码。

出口货物不需结汇的，应填报"其他（9）"。

B. 成交方式（必填，不得为空）（重点考核内容）

本栏目应按海关规定的《成交方式代码表》选择填报相应的成交方式名称或代码。

应区分实际进出境货物和无实际进出境货物的填报要求。对于无实际进出境的货物，进口填报CIF或代码1，出口填报FOB或代码3。对于实际进出境的货物，按下表中的成交方式名称或代码填报。

成交方式代码、成交方式名称对应的贸易术语：

1	CIF	CIF；CIP；DAF；DES；DEQ；DDU；DDP
2	CFR	CFR；CPT
3	FOB	EXW；FCA；FAS；FOB

C. 运费（有时可为空）（重点考核内容）

以下成交方式的货物，应填报"运费"栏目：

1. 进口报关单：进口货物成交方式为FOB或C&I。

2. 出口报关单：出口货物成交方式为 CIF 或 CFR。

需要填报"运费"栏目时，应填报该份报关单所含全部货物的国际运输费用。

具体填报时，按以下方式之一填报：

填报方式	填写内容	举例
运费率	百分比的数值/标记代码1	3%—填"3/1"
运费单价	币制代码/单价数值/标记代码2	300/10/2
运费总价	币制代码/总价数值/标记代码3	502/9000/3

说明：运保费合并计算的，运保费全部填报在"运费"栏目中，"保费"栏目免予填报。

D. 保费（有时可为空）（重点考核内容）

以下成交方式的货物，应填报"保费"栏目：

1. 进口报关单：进口货物成交方式为 CFR 或 FOB。
2. 出口报关单：出口货物成交方式为 CIF 或 C&I。

需要填报"保费"栏目时，应填报该份报关单所含全部货物国际运输的保险费用。

具体填报时，按以下方式之一填报：

填报方式	填写内容	举例
保险费率	百分比的数值/标记代码1	2‰填"0.2/1"
保费总价	币制代码/总价数值/标记代码3	502/1000/3

说明：运保费合并计算的，运保费全部填报在"运费"栏目中，"保费"栏目免予填报。

E. 杂费（有时可为空）

以下情形的货物，应填报"杂费"栏目：

1. 成交价格以外，应计入完税价格的费用，例如进口货物中的销售佣金等。
2. 应从完税价格中扣除的费用，例如出口货物中卖方所承担的佣金等。说明：无杂费时，本栏目免予填报。

需要填报"杂费"栏目时，应计入的杂费填报为正值或正率，应扣除的杂费填报为负值或负率。

（六）起运国（地区）/运抵国（地区）——装货港/指运港——原产国（地区）/最终目的国（地区）

A. 起运国（地区）/运抵国（地区）（必填，不得为空）（重点考核内容）

本栏目应填国别（地区）的中文名称或代码。

1. 起运国（地区）：是指进口货物起始发出直接运抵我国，或在运输中转（地区）未发生任何商业性交易的情况下运抵我国的国家（地区）。

2. 运抵国（地区）：是指出口货物离开我国关境直接运抵，或在运输中转（地区）未发生任何商业性交易的情况下最后运抵的国家（地区）。

应区分实际进出境货物和无实际进出境货物的填报要求。

对于无实际进出境的货物，起运国（地区）或运抵国（地区）应填报"中国"（代码"142"）。

对于实际进出境的货物，要分两种情况填报：

1. 对于直接运抵的货物，以货物起始发出的国家（地区）为起运国（地区）；货物直接运抵的国家（地区）为运抵国（地区）。

2. 对于发生中转的货物，应进一步区分两种情况填报：

（1）对于发生中转但未发生任何买卖关系的货物，以起始发出的国家（地区）为起运国（地区）；以最终运抵的国家（地区）为运抵国（地区）。

（2）对于发生中转且发生了买卖关系的货物，以中转国（地区）为起运国（地区）或运抵国（地区）。

说明：货物是否中转，可根据随附单据中出现的"VIA"或"IN TRANSIT TO"字样来确定。

货物是否在中转地经过商业性交易，可根据发票中的出票人或抬头（收货人）来判断。

B. 装货港/指运港（必填，不得为空）（重点考核内容）

本栏目应填报相应的港口中文名称或代码。无港口中文名称及代码的，可填报相应的国家中文名称或代码。

1. 装货港，是指进口货物在运抵我国关境前的最后一个境外装运港。

2. 指运港，是指出口货物运往境外的最终目的港；最终目的港不可预知的，可按尽可能预知的目的港填报。

应区分实际进出境货物和无实际进出境货物的填报要求。

对于无实际进出境的货物，装货港或指运港应填报"中国境内"（代码"0142"）。

对于实际进出境的货物，要分两种情况填报：

1. 对于直接运抵的货物，以实际装货的港口为装货港；以货物直接运抵的港口为指运港。

2. 对于发生中转的货物，以最后一个中转港为装货港，以最终的目的港为指运港（即指运港不受中转影响）。

说明：常见英文含义"Shipped from…to…"（始发及到达港）、"Port of Shipment"或"Port of Loading"（装货港）、"Port of Dispatch"或"Port of Departure"（始发港）。

Port of Destination"（目的港）、"Port of Discharge"（卸货港）、"Port of Delivery"（交货港）、Port of Arrival（到货港）。

这里要区别 Port of Transhipment（转运港）、Place of Destination（境内目的地）、Place of Receipt（境内收货地）。

C. 原产国（地区）/最终目的国（地区）（必填，不得为空）（重点考核内容）

本栏目应按海关规定的《国别（地区）代码表》选择填报相应的国家（地区）中文名称或代码。

1. 原产国（地区），是指进口货物的生产、开采或加工制造国家（地区）。

2. 最终目的国（地区），是指已知的出口货物的最终实际消费、使用或进一步加工制造的国家（地区）。

说明：在原始单据中原产国（地区）以英文"Origin""Country of Origin""Made in ×××""Manufacturer：×××"等表示。

进口货物原产国无法确定的，应填报"国别不详"（国别代码为"701"）。

对于无实际进出境的货物，例如 一些加工贸易特殊情况下的填报要求。

（七）件数——包装种类——毛重（公斤）——净重（公斤）——数量及单位

A. 件数（必填，不得为空）（重点考核内容）

本栏目应填报有外包装的进出口货物的实际件数。

本栏目不得填报为0，裸装、散装货物应填报为"1"。

具体填报要求为：

1. 凡列有托盘件数的，直接填报托盘件数。
2. 无托盘件数，但有单件包装件数的，应填报单件包装件数。
3. 无托盘件数，也无单件包装件数，但有集装箱个数的，应填报集装箱个数。
4. 裸装、散装货物应填报为"1"。
5. 两种及以上不同包装种类的货物，按合计的件数填报。

B. 包装种类（必填，不得为空）（重点考核内容）

本栏目应填报相应的包装种类中文名称。

常见的包装种类有：

木箱 wooden case；纸箱 carton；铁桶 iron drum；木桶 wooden cask；散装 in bulk；裸装 nude pack；托盘 pallet；包 bale；袋 bag；集装箱 container 等。

对于两种及以上不同包装种类的货物，本栏目填"件"。

说明：散装货物，主要是大宗的液态或成粉、粒、块状的货物，如煤炭、矿砂、粮食、石油等。

裸装货物，主要是一些可以自行成件的货物，如圆钢、钢板、木材等。

C. 毛重（公斤）（必填，不得为空）

本栏目应填报全部货物及其包装材料的实际毛重。

计量单位为公斤（千克），不足1公斤的填报为"1"。如果毛量在1公斤以上且非整数，其小数点后应保留4位，第5位及以后略去。

说明：毛重 Gross Weight 或 G.W. 。

D. 净重（必填，不得为空）

本栏目应填报全部货物的毛重减去其外包装材料后的实际净重。

计量单位为公斤（千克），不足1公斤的填报为"1"。如果净量在1公斤以上且非整数，其小数点后应保留4位，第5位及以后略去。

说明：毛重 Net Weight 或 N.W. 。

某些特殊情况下的填报要求：

1. 单据上仅注明"以毛作净"（Gross for Net）字样的货物，可将毛重作为净重填报；
2. 单据上只标明扣除内层包装重量，即"净净重"（Net Net Weight），而无法得知自然净重的货物，可填报"净净重"。
3. 单据上只标明公量重而没有净重的，可填报公量重。
4. 对于不能确定净重的货物，可将货物毛重扣除外层包装重量后，作为净重填报或估重填报。
5. 对采用零售包装的酒类、饮料，应按照液体部分的重量填报。

E. 数量及单位（必填，不得为空）（重点考核内容）

本栏目分三行填报：

1. 第一行必须按法定第一计量单位填报数量及单位。
2. 凡列明有法定第二计量单位的，应在第二行按法定第二计量单位填报数量及单位。无法定第二计量单位的，本栏目第二行为空。

3. 实际成交计量单位与法定计量单位不一致的，应在第三行按实际成交计量单位填报数量及单位。如果实际成交计量单位与法定计量单位一致，则本栏目第三行为空。法定计量单位为"千克"的，原则上应按货物的净重填报。

（八）（备案号）——许可证号——批准文号（出口报关单）——合同协议号——项号

A. 备案号（有时可为空）（重点考核内容）

有备案审批文件的，应填其编号（其长度通常为 12 位数）。无备案审批文件的，本栏目不必填写。

必须填报备案号的情形主要是：

1. 加工贸易货物（包括进口料件及出口制成品）；
2. 加工贸易进口的设备（例如不作价设备）；
3. 出入出口加工区的保税货物；
4. 减免税进口货物；
5. 实行原产地证书联网管理的香港、澳门 CEPA 项下的进口货物；
6. 适用 ITA 税率的进口商品。

B. 许可证号（有时可为空）

应申领进（出）口许可证、两用物项和技术进（出）口许可证的货物，必须在此栏目填报许可证的编号。

对于非许可证管理的货物，本栏目为空。

目前本栏目应填写的许可证仅限于以下情况：

1.《进口许可证》，代码 1；
2.《出口许可证》，代码 4；
3.《出口许可证（加工贸易）》，代码 x；
4.《出口许可证（边境小额贸易）》代码 y；
5.《两用物项和技术进口许可证》，代码 2；
6.《两用物项和技术出口许可证》，代码 3；
7.《两用物项和技术出口许可证（定向）》，代码 G。

不能填写在本栏目的情形主要有：

《自动进口许可证》，代码 7；《自动进口许可证（新旧机电产品）》，代码 O；《固体废物进口许可证》，代码 P；《自动进口许可证（加工贸易）》，代码 v；上述编号均不能填报在"许可证号"栏目，而应填报在"随附单据"栏目中。

C. 批准文号

1. 进口报关单：本栏目免予填报。
2. 出口报关单（有时为空）：本栏目应填报"出口收汇核销单"编号。注意：出口不需要使用出口收汇核销单的货物，本栏目免予填报。

D. 合同协议号（必填，不得为空）

本栏目应填报进出口货物合同（包括协议或订单）的全部字头和号码。

说明：相关的英文有"Contract No."或"Confirmation No."或"Order No."。有时简写为"P/O No."、"S/C No."，前者即"Purchase Order No."的缩写，后者即"Sales Contract No."或"Sales Confirmation No."的缩写。

E. 项号（必填，不得为空）

本栏目分两行填报：第一行填报报关单中的商品排列序号，本行必填。第二行专用于加工贸易和实行原产地证书联网管理等已备案的货物，填报该项货物在"加工贸易手册"中的项号或对应的原产地证书上的商品项号。

说明：加工贸易货物第二行特殊情况的填报要求。

（九）集装箱号——随附单据——标记唛码及备注——（经营单位）

A. 集装箱号（必填，不得为空）（重点考核内容）

本栏目应填报"集装箱编号/规格/自重"。多个集装箱的，第一个填报在"集装箱号"栏中，其余的依次填报在"标记唛码及备注"栏中。

对于非集装箱货物，应填报为"0"。说明：集装箱号 Container No.或 CTNR。

B. 随附单据（有时可为空）（重点考核内容）

本栏目应填报监管证件代码及编号。格式为：监管证件代码+"："+监管证件编号。

涉及多个监管证件的，一个填报在"随附单据"栏中，其余的填报在"标记唛码及备注"栏中。

关于原产地证书相关内容的填报要求：

对于优惠贸易协定项下出口的货物，本栏目应填报原产地证书代码和编号。

C. 标记唛码及备注（重点考核内容）

本栏目中的标记唛码应填写除图形以外的全部文字、数字。

说明：标记唛码专指货物的运输标志。英文为：Marks & No.或 MKS，Shipping Marks 等。

本栏目中的备注主要应填写以下内容：

1. 受外商投资企业委托代理其进口投资总额内设备、物品的进出口企业名称，格式为："委托××公司进口"。

2. 所申报货物涉及多个集装箱的，除第一个填写在"集装箱号"栏中以外，其余的均填写在本栏目。格式为："集装箱号/规格/自重"。

3. 所申报货物涉及多个监管证件的，除一个填写在"随附单据"栏中以外，其余的均填写在本栏目。格式为：监管证件代码+"："+监管证件编号。

4. 进口货物直接退运的，应填报"准予直接退运决定书"或"责令直接退运通知书"编号。

5. 加工贸易转内销货物，"随附单据"栏应填写内销征税联系单代码c及编号，并在本栏目注明"活期"字样。

6. 来料加工出口成品，在备注栏应注明料件费与工缴费金额。

7. 关联备案号。

例如，加工贸易结转货物及凭《征免税证明》转内销货物，其对应的备案号应填报在此栏，格式为："转至（自）×××××××××××××手册"。

减免税货物结转进口（转入），填报"减免税进口货物结转联系函"编号；减免税货物结转出口（转出），应填相应征免税证明的编号。

8. 关联报关单号。

例如，含低值辅料的产品出口；减免税货物结转出口（转出）；暂时进出境货物复运出进境；无代价抵偿进出口货物和退运出进境的原货物；退运货物进出口；直接退运货物；成套汽车零部件散件。

D. 经营单位

应填报对外执行合同的中国境内经营单位名称及经营单位编码。

注意：外商投资企业委托外贸企业进口投资总额内设备、物品的，以外商投资企业为经营单位，并在"标记唛码及备注"栏注明"委托××企业进口"。

注意：中外合作企业、中外合资企业、外商独资企业统称外商投资企业。

但是外商投资企业委托外贸企业进口生产用原材料，视同一般委托，经营单位应填报外贸企业及其海关编码。

关联报关单号："标记唛码与备注"应填写相关联的报关单"海关编号"。

关联备案号："标记唛码与备注"应填写相关联的报关单"备案号"。

（十）商品编号——商品名称、规格型号——单价——总价——币制

A. 商品编号（必填，不得为空）

应填报《进出口税则》中的 8 位数税则号列，有附加编号的，还应填报第 9、10 位附加编号。

本栏目应按实际商品编号填报。说明：商品编号 Commodity Code 或 HS Code。

B. 商品名称、规格型号（必填，不得为空）

本栏目分两行填报。一般而言，第一行填报进出口货物规范的中文商品名称，第二行填报商品的规格型号。

说明：发票中一般以英文"Description of Goods""Product and Description""Goods Description""Quantities and Description"等表示。

C. 单价（必填，不得为空）（重点考核内容）

本栏目应填报同一项号下进出口货物实际成交的商品单位价格。无实际成交价格的，本栏目填报单位货值。

单价如非整数，其小数点后保留 4 位，第 5 位及以后略去。说明：单价 Unit Price。

D. 总价（必填，不得为空）（重点考核内容）

本栏目应填报同一项号下进出口货物实际成交的商品总价。无实际成交价格的，本栏目填报货值。

单价如非整数，其小数点后保留 4 位，第 5 位及以后略去。说明：总价 Total Amount。

E. 币制（必填，不得为空）（重点考核内容）

本栏目应根据实际成交情况，按海关规定的《货币代码表》选择填报相应的货币名称或代码。如《货币代码表》中无实际成交币种，需转换后填报。常见的货币代码：除欧元外，主要货币代码与其所在国家的国别代码一致。

报关单填制中的一些注意事项：

1. 所给的中文资料很重要，但有时中文信息没有单列，而是夹杂于英文单证中，应充分利用。

2. 总价、单价是指包括折扣、佣金在内的价格。

3. 某些栏目所给信息不足以填写，但并不意味着该栏目为空。

4. 当发票、装箱单、提单数量、金额不一致时，应特别注意申报货物的具体范围，根据申报货物来填写。

5. 存在中转地的，起运国、运抵国的填写要特别注意中转地是否发生商业性买卖。
6. 运费、保费栏目的填写与成交方式紧密相关，可能设计的备选项目有陷阱。
7. 商品的中文名称，有时可从提供的中文资料中获得。
8. 有关栏目中的重要（主要）代码应记住。

任务二　卸船作业操作

【知识目标】
1. 了解编制卸船堆存计划方法，选择船舶进口航次、卸船配载、船舶航次、泊位计划等。
2. 了解鉴定造成进口集装箱残损的原因。

【技能目标】
1. 掌握装卸箱场地的机械设备操作方法。
2. 掌握卸船作业流程中集卡调度、中控调度、作业线调度等操作方法。

【素养目标】
1. 培养学生诚实守信的品格，虚心求教，求真务实，不弄虚作假。
2. 培养学生的正确的择业观念，就业市场筛选机制，人尽其才。

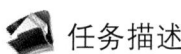 任务描述

卸船是集装箱进口作业中的重要环节，需要在堆场及时调度龙门吊司机把集卡车上的集装箱卸到堆场，或装上集卡运走。控制室的工作繁忙而有序，需要安排多艘船舶同时装卸作业，王×对这项工作非常感兴趣，跟着控制室的李师傅认真地学习如何进行卸船作业操作。
思考：在控制室需要做什么呢？

 任务准备

一、卸船作业

卸船作业指集装箱船进入港口，将集装箱从船上卸下，随后放入堆场的作业。这是码头业务的核心作业之一。这项工作需要控制室配置专人进行操作，配置方式分为两种：一是按泊位数配置，二是按船舶数配置。一般我们采用按泊位数配置。如若码头有 4 个泊位并且都需要作业，那么每班需设 8 名船舶作业控制员。

（一）装卸船作业前准备工作

1. 预审船图，根据船图反映出来的信息，估算作业时间。
2. 预先查询装卸箱被安排的场地和箱量、箱型。
3. 准备记录单据。
4. 预先安排装卸箱场地的机械设备。
5. 编制靠泊计划，具体规定每条船的靠泊泊位、作业时间、作业任务分配。

表 4-2-1　人员作业分配

作业指挥	作业执行					箱体交接	作业监督
	船边			水平运输	堆场堆码		
船舶控制员	系解缆工人	QC 司机	装卸工	集卡司机	轮胎吊司机	外轮理货员	船舶指导员

（二）装卸船作业进行中

1. 按照装卸船作业进行码头人员、设备安排。
2. 使用无线终端向设备操作人员发送工作指令。
3. 桥吊卸船及验箱。
4. 堆场收箱。

（三）卸船后工作

1. 复合、交接。
2. 填制各类单据。进口集装箱主要货运单证包括：

（1）提货单（Delivery Order，D/O）：船公司发放，收货人或其代理人凭正本提单换取，一票一单，进口专用单证，各相关单位公章都在提货单上。

（2）设备交接单：分 IN 和 OUT 两种，每种一式三份，一箱一单。

（3）交货记录：进口专用，供码头专用。

📋 任务实施

1. 使用自己的账号进行登录，登入系统后，选择"任务二　卸船作业操作"→"港口调度员"→"准备"→"开始"，进入 3D 虚拟场景。

2. 控制人物进入中控室，走近电脑，根据提示按 Alt 键操作电脑。

3. 打开虚拟电脑界面上的 进入船舶管理系统，依次选择"进口卸船"→"进口船图录入与修改"，在下拉列表中选择"进口航次"，勾选"船箱位信息"，点击"提交"，如图 4-2-1 所示。

4. 点击"进口舱单录入"，选择"进口航次"，勾选"进口舱单信息"，点击"提交"，如图 4-2-2 所示。

5. 点击"船图仓单校核"，选择"进口航次"，点击"复核"→"提交"，如图 4-2-3 所示。

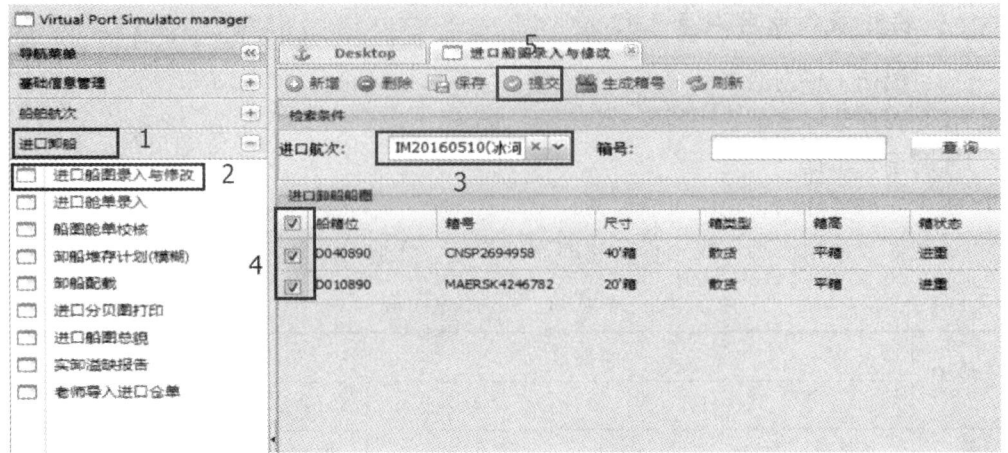

图 4-2-1　进口船图录入与修改

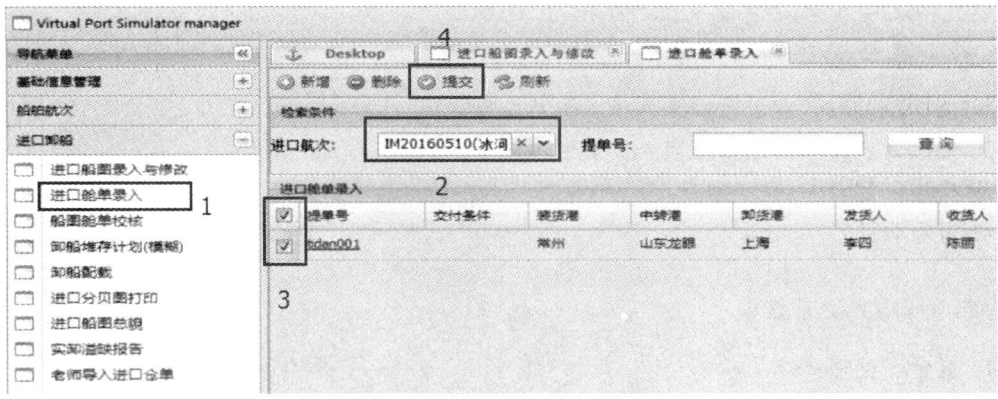

图 4-2-2　进口舱单录入

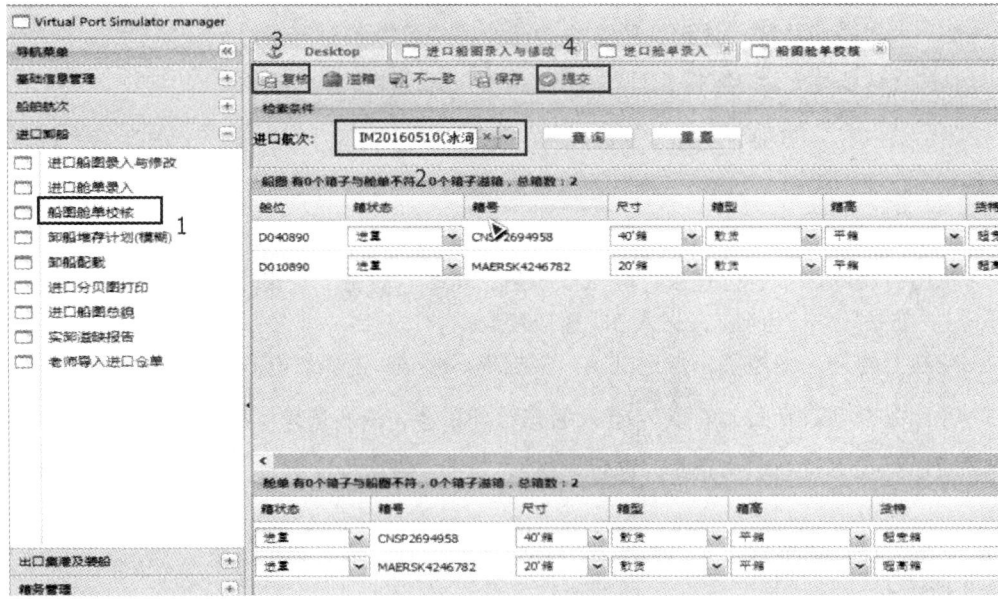

图 4-2-3　船图舱单校核

6. 点击"卸船堆存计划",选择"进口航次",点击"分类",勾选"20英尺集装箱信息",在"箱区"选择 1A 并选择 07 贝位(注意 20 英尺的箱子用奇数表示,40 英尺的箱子用偶数表示;奇数的阴影位置表示已有箱子存放,奇数的空白位置表示目前没有箱子,都可以选择),再点击"保存",如图 4-2-4 所示。

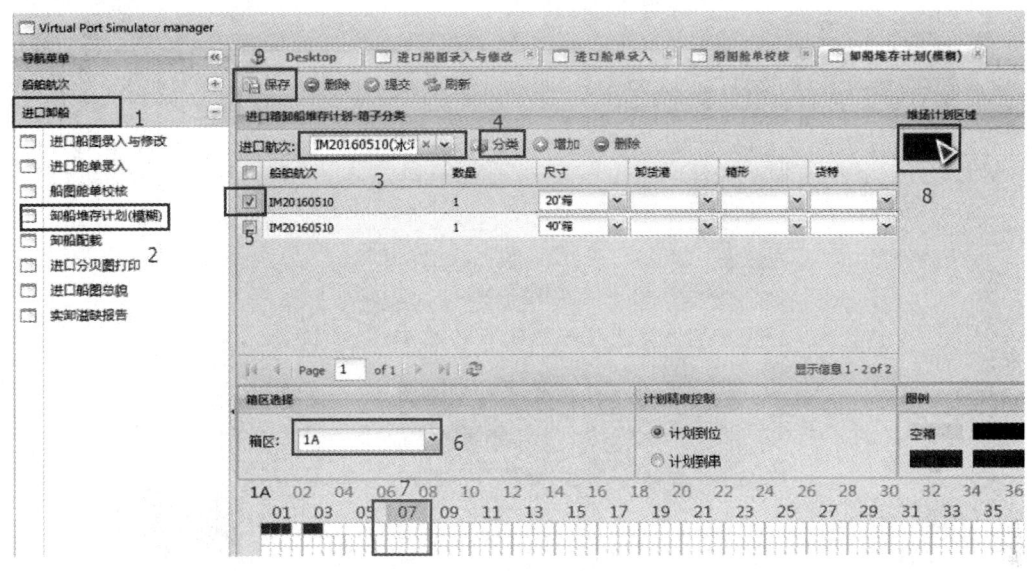

图 4-2-4 卸船堆存计划(20 英尺集装箱)

7. 选择"40 英尺集装箱信息",在 1A 箱区中选择 10 贝位,点击"保存",然后在"船舶航次"同时勾选"20 英尺集装箱进口航次信息"和"40 英尺集装箱进口航次信息",再点击"提交",如图 4-2-5 所示。

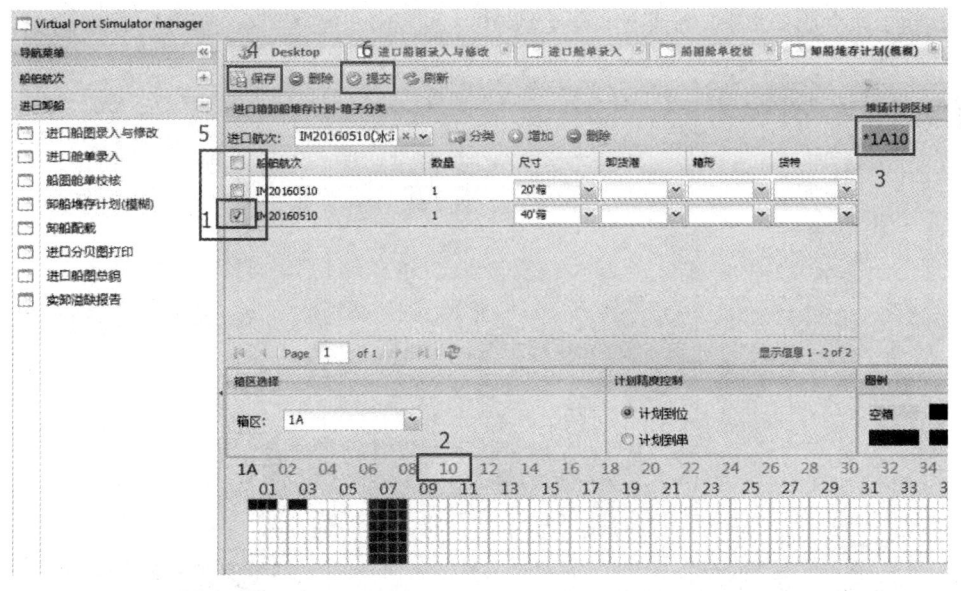

图 4-2-5 卸船堆存计划(40 英尺集装箱)

8. 点击"卸船配载",选择"进口航次",在"船舶航次"勾选"20 英尺集装箱进口航次信息",在"船图配载信息"选择图例中可配位置,在"计划区域"点击"1A07",会在其下方出现堆存计划区域信息,并在"堆存计划区域信息"中选择最底排的任何一个位置(不能选上面的位置,堆存必须从地面第一层开始,否则箱子就会放在空中,堆存计划不会成功),再点击"保存",如图 4-2-6 所示。

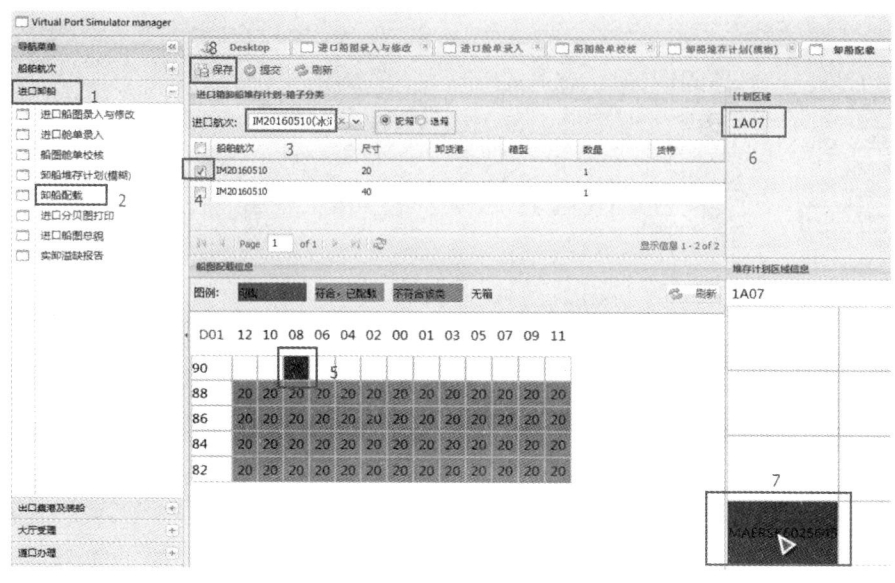

图 4-2-6　卸船配载(20 英尺集装箱)

9. 在"船舶航次"勾选"40 英尺集装箱进口航次信息",在"船图配载信息"选择图例中可配位置,在"计划区域"点击"1A10",会在其下方出现堆存计划区域信息,并在"堆存计划区域信息"中选择最底排的任何一个位置(不能选上面的位置,因为如果下面位置没箱子的话,箱子就会放在空中,堆存计划不会成功),再点击"保存"→"提交",如图 4-2-7 所示。

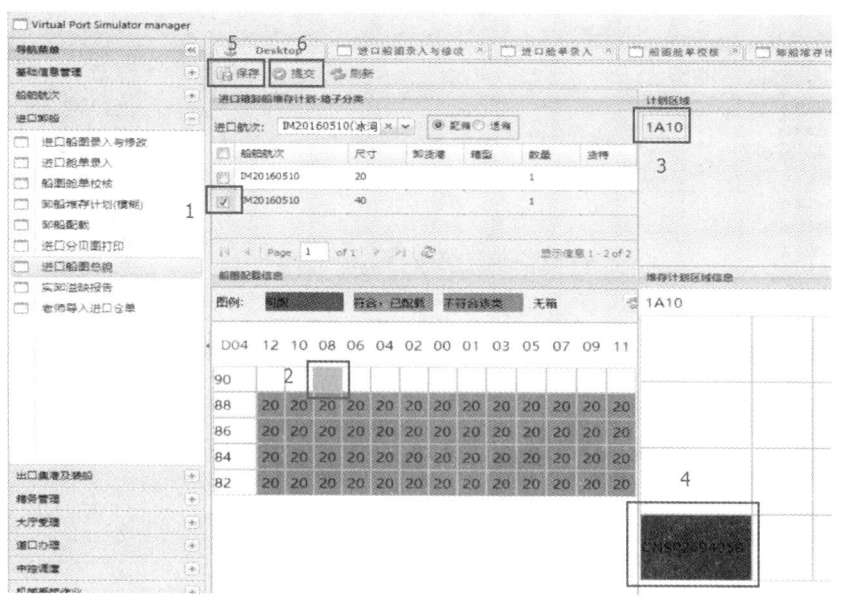

图 4-2-7　卸船配载(40 英尺集装箱)

10. 点击"船舶航次",选择"月度船期"→"新增",带星号的为必填信息,填完再点"保存",如图 4-2-8 所示。

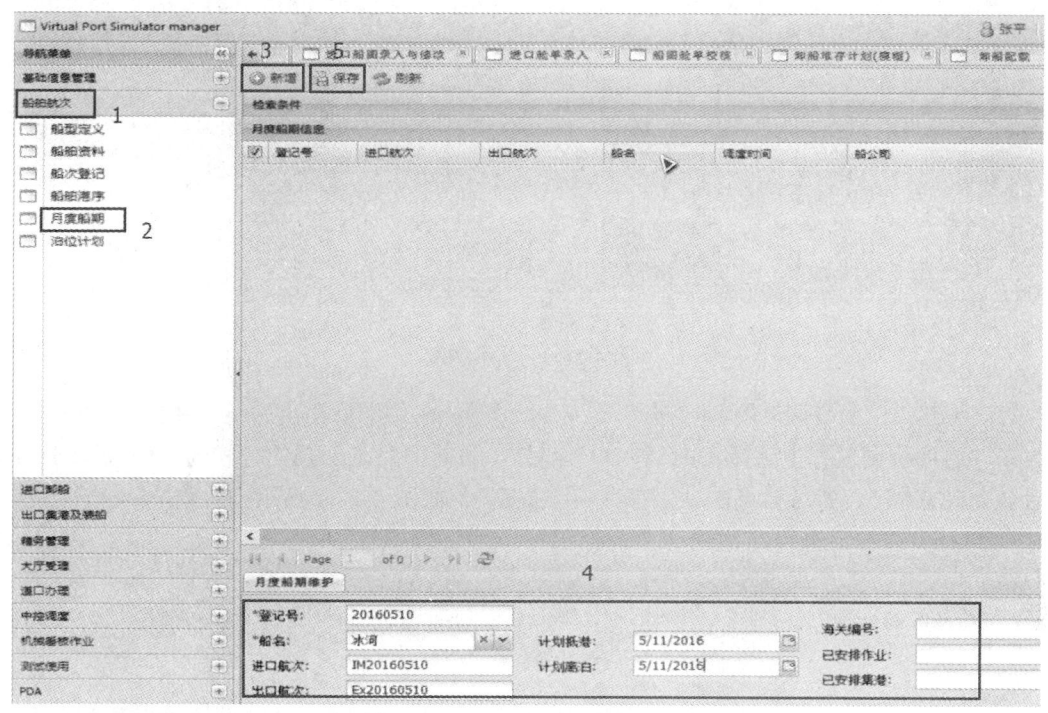

图 4-2-8　月度船期

11. 点击"泊位计划",选择"001"泊位,按住鼠标左键选择"计划抵港与离港时间",选择好以后会出现方框 3 部分,双击鼠标左键打开方框 3 部分,选择"船期"→"保存"→"提交",如图 4-2-9 所示。

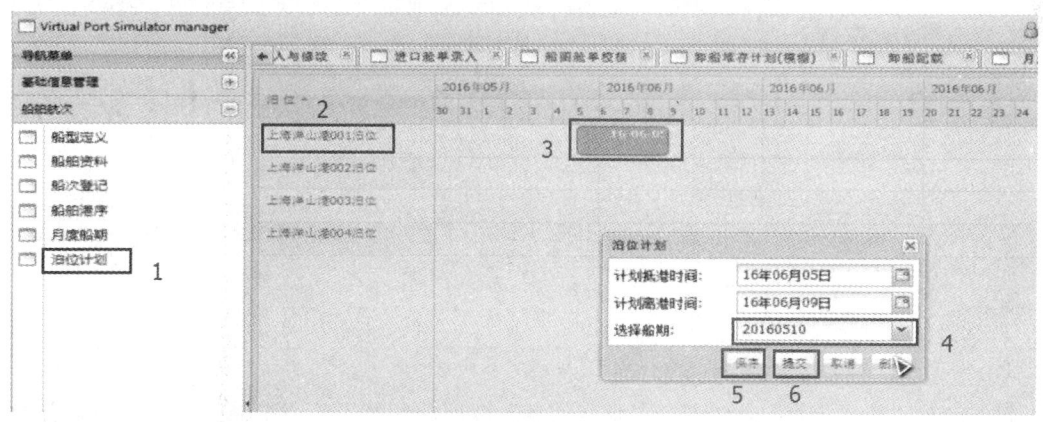

图 4-2-9　泊位计划

12. 点击"中控调度",选择"场吊调度",在"场吊编码"选择"L01"场吊,在"调度区域"中选择"*1A",然后再点击"保存",如图 4-2-10 所示。

- 115 -

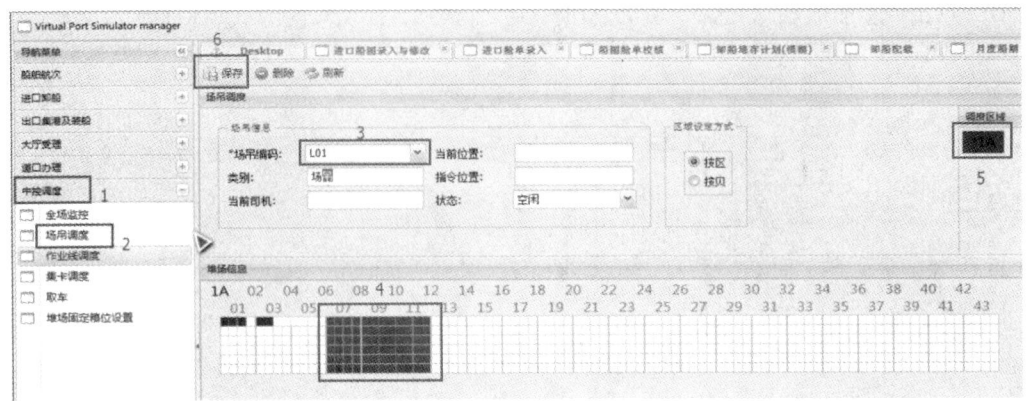

图 4-2-10　场吊调度

13. 点击"作业线调度"→"进口"→"航次",在"岸吊调度一览"中选择"Q01"部分,在"船贝位调度"中选择 D01 和 D04 部分(为前面船图配载的时候选的区域),选择成功后会变成方框 5,然后再点击"保存"→"提交",如图 4-2-11 所示。

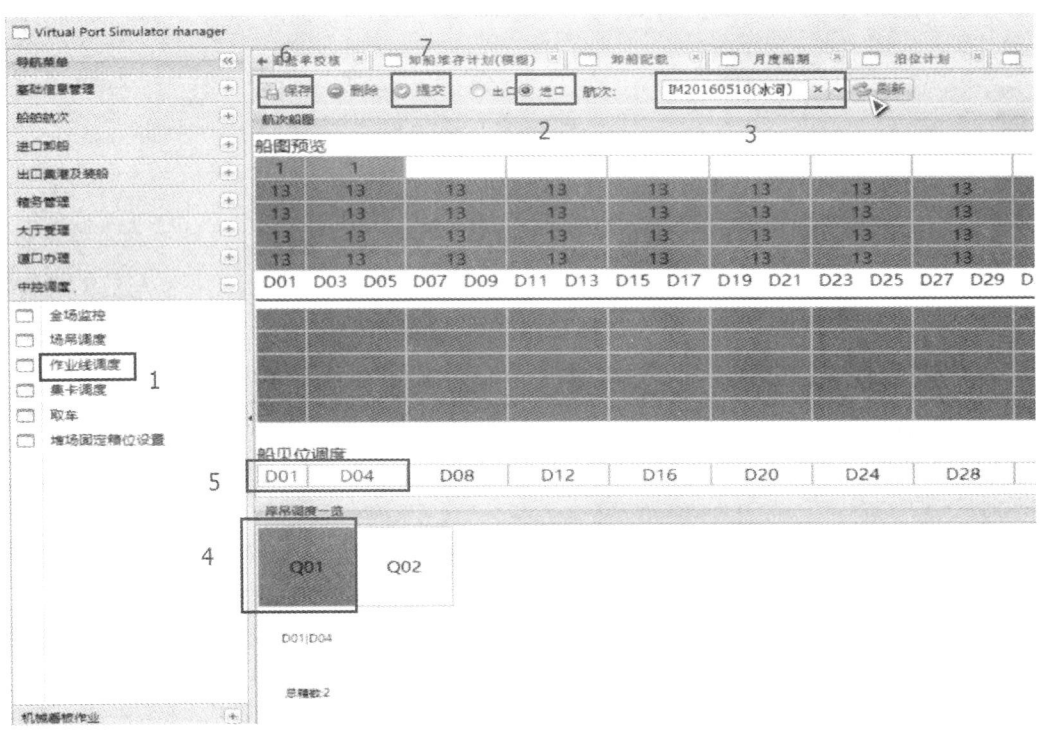

图 4-2-11　作业线调度

14. 点击"集卡调度",勾选"作业路信息"Q01,点击"要箱车辆"下面的数量部分,然后会在页面底部出现集卡信息,选择集卡数量进行安排(所选数量不得超过最大集卡数),点击"保存"→"提交",如图 4-2-12 所示。

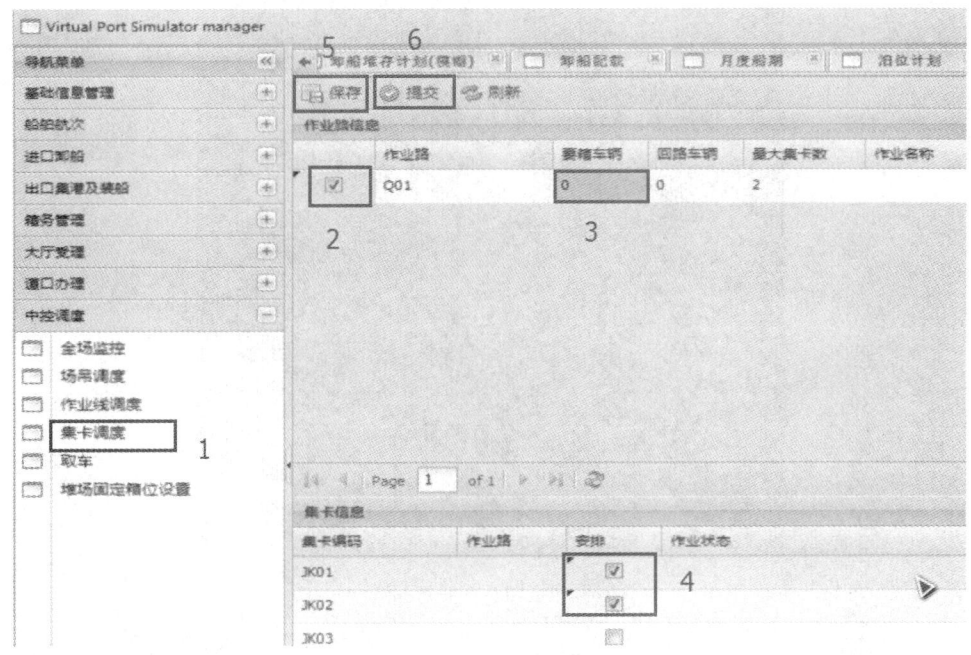

图 4-2-12 集卡调度

15. 按 Alt 键退出虚拟电脑，点击 ![icon] 将人物角色切换为"内集卡司机"。走近内集卡车，按 Alt 键上车，点击"开始作业"，会接到岸吊及位置指示，按 T 键挂挡，驾驶内集卡车去岸吊 Q01 下，如图 4-2-13 所示。内集卡车行驶至 Q01 岸吊下，点击"就绪"，如图 4-2-14 所示。

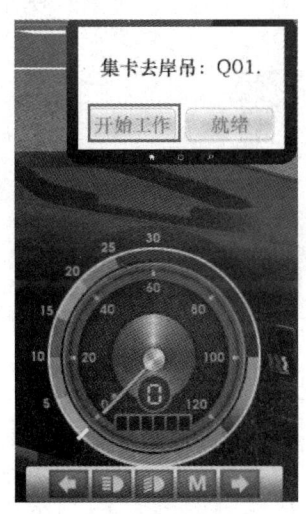
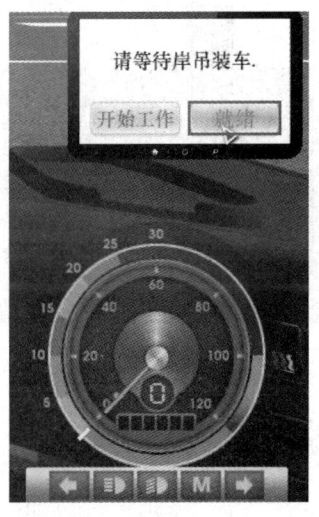

图 4-2-13　集卡开始工作　　　　　　　图 4-2-14　集卡就绪

16. 将人物角色切换为"岸吊司机"，控制人物走到 Q01 旁边的楼梯，按 Alt 键操作岸吊，如图 4-2-15 所示。进入岸吊驾驶室中，按 P 键启动岸桥电源，按 Q 键进行选位，勾选"出口箱信息"中的"20 英尺集装箱信息"，然后点击"选位"，选位成功后该集装箱会呈黄色高亮显示，如图 4-2-16 所示。

图 4-2-15 操作岸吊

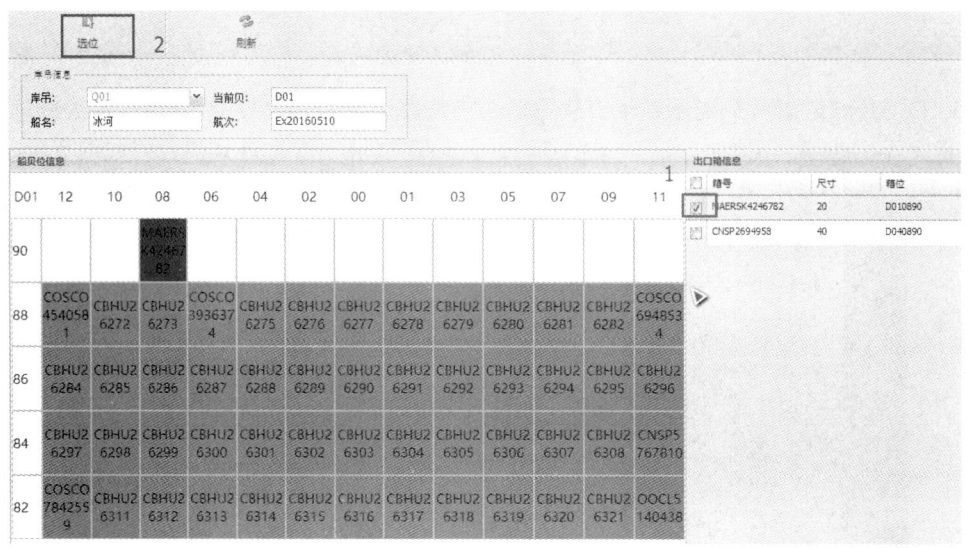

图 4-2-16 岸吊选位信息操作

17. 使用 A 键和 D 键控制岸桥操作大车左右行走，W 键和 S 键控制岸桥操作小车前后行走，↑键和↓键控制吊机上升和下降，O 键控制集装箱吊具的伸缩（在 20 尺集装箱和 40 尺集装箱之间切换）。F1、F2 和 F3 键切换视角（正常的操作视角是 F1，F2 和 F3 视角是为了方便操作而设立的，现实中不存在）。

18. 调整吊具对准黄色高亮显示的箱子（按 E 键可以控制调整的速度，再次按 E 键可以恢复至调整前的速度），调整位置至着床灯亮起，说明集装箱吊具已与集装箱对准成功，在此状态下按 5 键将吊具的四条支腿放下，按 6 键将集装箱与吊具锁在一起，"闭锁"成功，闭锁指示灯亮起。然后按↑键控制吊具上升将集装箱吊起，集装箱处于悬空状态后"着床"指示灯变暗，此时不能够开锁。控制集装箱移动，将集装下放到岸桥下面的集卡车上。对准卡车上的卡槽将集装箱放好后，着床指示灯点亮，说明可以放下集装箱。按 5 键将吊具的四条支腿升起，按 6 键将集装箱放到卡车上，闭锁指示灯变暗，开锁指示灯变亮说明已经将集装箱放置正确。（按空格键可以进入锚定状态，锚定状态下吊具只能前后上下移动，不能左右移动，锚定状态下的操作顺序为：（1）吊车对准贝位；（2）吊车锚定；（3）卡车对准吊具位置。同样，取消锚定状态也是按空格键，此时锚定状态指示灯会变暗。）上升吊具到安全的高度，完成该集装箱的岸桥卸船作业，按 Alt 键离开岸桥。如图 4-2-17～4-2-24 所示。

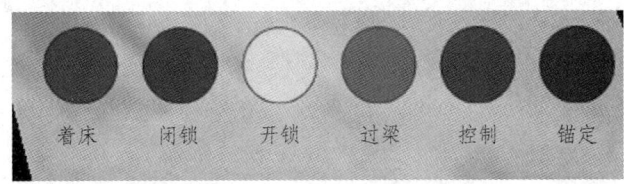

图 4-2-17　开始状态

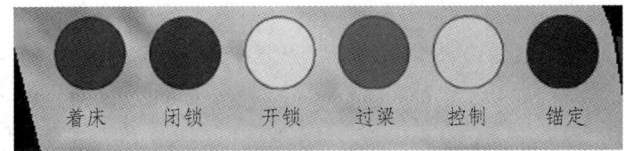

图 4-2-18　按 T 键控制岸桥

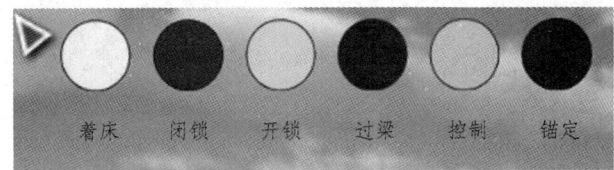

图 4-2-19　着床成功

图 4-2-20　开锁成功

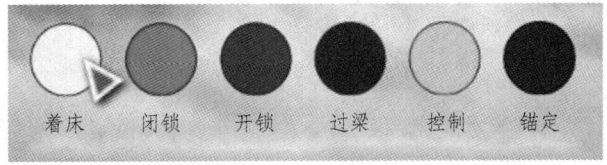

图 4-2-21　闭锁成功

图 4-2-22 锚定状态

图 4-2-23 吊起箱子

图 4-2-24 集装箱装车

19. 将人物角色切换为"堆场指挥员",按 Q 键打开 PDA,双击打开"卸船作业",在下拉列表中选择岸吊"Q01"以及集装箱"MAERSK4246782",选择车牌号沪"A-00001",点击

"确定"，如图 4-2-25、4-2-26 所示。按 Q 键收起 PDA。

图 4-2-25　PDA 卸船作业

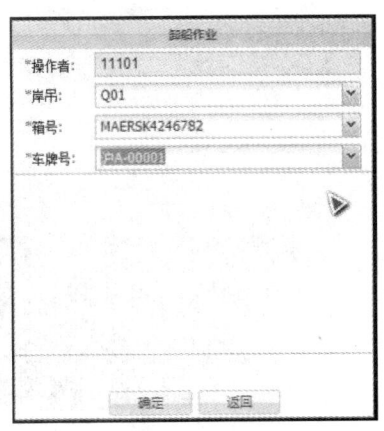

图 4-2-26　PDA 卸船作业信息

20. 将人物角色切换为"内集卡司机"，根据车辆信息提示，驾驶车辆驶向场吊 L01，如图 4-2-27 所示。将内集卡车驾驶至场吊 L01 下，点击"就绪"，如图 4-2-28 所示。按 Alt 键结束集卡操作。

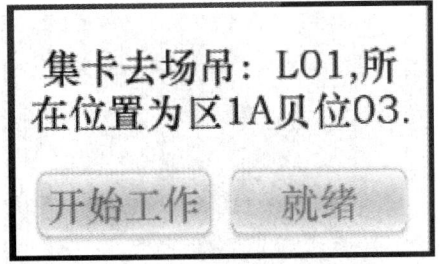

图 4-2-27　集卡车作业提示

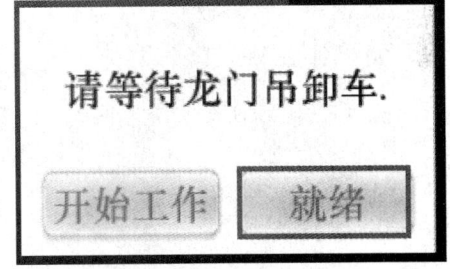

图 4-2-28　集卡车就绪

21. "内集卡司机"下车后，将人物角色切换为"龙门吊司机"，来到 L01 号岸桥下，按 Alt 键操作场吊，如图 4-2-29 所示。按 P 键启动龙门吊电源，按 Q 键进行选位，首先在"任务类型"中勾选"卸船落位"，点击"查询"，在"出口箱信息"里勾选相应集卡信息，最后点击"选位"→"提交"，如图 4-2-30 所示。

图 4-2-29　龙门吊操作

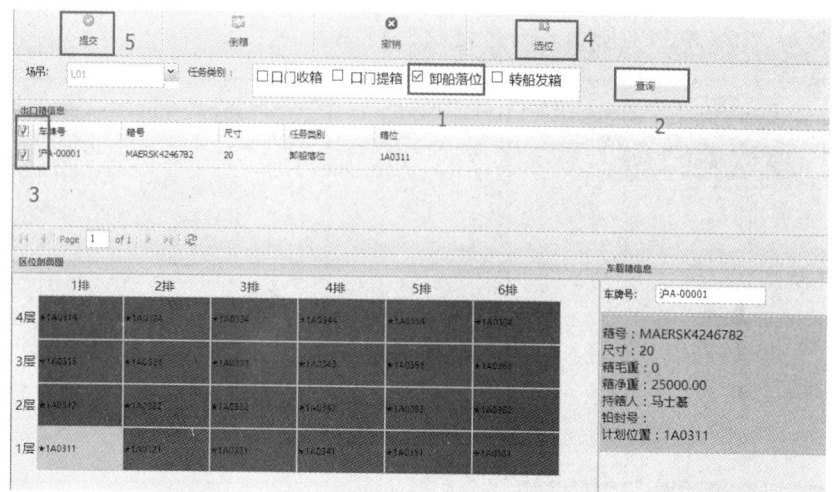

图 4-2-30 卸船选位操作

22. 驾驶龙门吊将箱子从集卡车上吊起,按↑键升起吊具,将集卡车上的集装箱吊至场箱位的白色方框位置,调整位置,当着床灯亮起时,将箱子放入白色方框内,然后按 5 键将吊具的四条支腿放下,按 6 键闭锁吊起集装箱,如图 4-2-31、4-2-32 所示。

图 4-2-31 吊起箱子

图 4-2-32 集装箱落座场箱位

23. 将人物角色切换为"内集卡司机",将内集卡车开回原位,然后驾驶另一辆内集卡车,进行 40 英尺集装箱的卸船作业,按 Alt 键上车,点击"开始作业",会接到岸吊及位置指示,按 T 键挂挡,驾驶内集卡车至 Q01 岸桥,如图 4-2-33 所示。内集卡车行驶至 Q01 场吊下时,点击"就绪",如图 4-2-34 所示。

图 4-2-33 集卡开始工作

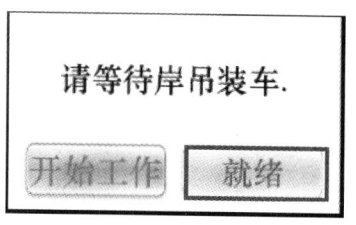

图 4-2-34 集卡就绪成功

24. 将人物角色切换为"岸桥司机",控制人物走到 Q01 旁边的楼梯,按 Alt 键操作岸吊。

然后按 P 键启动岸桥电源，按 Q 键进行选位，在"出口箱信息"中勾选"40 英尺集装箱信息"，然后点击"选位"，如图 4-2-35 所示。

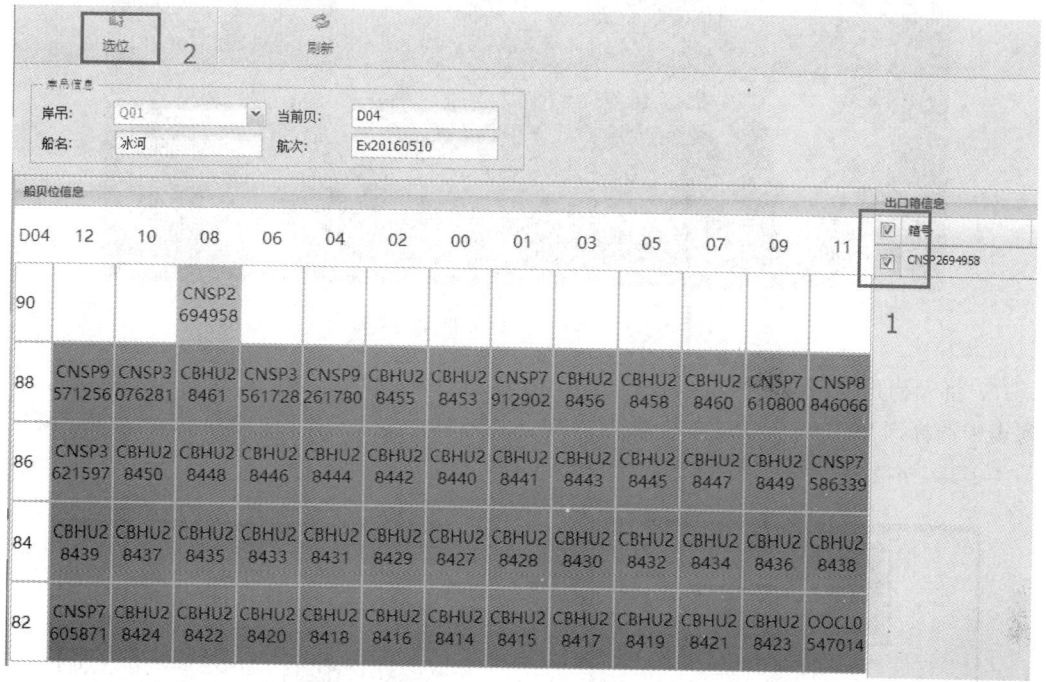

图 4-2-35　岸吊选位信息

25. 按↑↓键进行吊具的上升和下降，调整吊具对准黄色高亮显示的箱子（按 E 键可以控制调整的速度，再次按 E 键可以恢复至调整前的速度），按 O 键，将吊具切换成 40 英尺，如图 4-2-36 所示。调整位置至着床灯亮起时按 5 键放下吊具四条支腿，按 6 键进行开锁，吊好箱子，闭锁，然后从船上吊起箱子至内集卡车上，调整吊具将箱子对准内集卡车，当着床等亮起时开锁，放好箱子后按 5 键升起吊具四条支腿，按 6 键开锁，按↑键升起吊具至安全位置，如图 4-2-37 所示。

图 4-2-36　40 英尺集装箱卸船

图 4-2-37 40 英尺集装箱卸船装车

26. 将人物角色切换为"堆场指挥员",按 Q 键打开 PDA,双击打开"卸船作业",在下拉列表中选择岸吊"Q01"以及集装箱"CNSP2694958",选择车牌号沪 A00002,点击"确定",如图 4-2-38、4-2-39 所示。按 Q 键收起 PDA。

图 4-2-38 PDA 卸船作业　　　　　　　图 4-2-39 PDA 卸船作业信息

27. 将人物角色切换为"内集卡司机",根据车辆信息提示,驾驶车辆驶向场吊 L01,如图 4-2-40 所示。将内集卡车驾驶至场吊 L01 下,点击"就绪",如图 4-2-41 所示。按 Alt 键结束集卡操作。

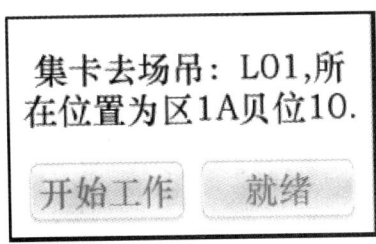
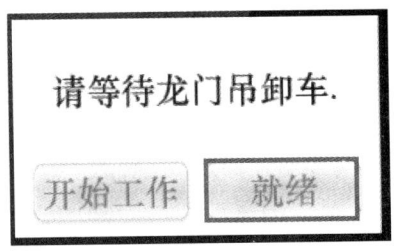

图 4-2-40 集卡车作业提示　　　　　　　图 4-2-41 集卡车就绪

28. "内集卡司机"下车后,将人物角色切换为"龙门吊司机",来到 L01 号岸桥下,按

Alt 键操作场吊，如图 4-2-42 所示。按 P 键启动龙门吊电源，按 Q 键进行选位，首先在"任务类型"中勾选"卸船落位"，点击"查询"，在"出口箱信息"勾选相应集卡信息，最后点击"选位"→"提交"，如图 4-2-43 所示。

图 4-2-42 龙门吊操作

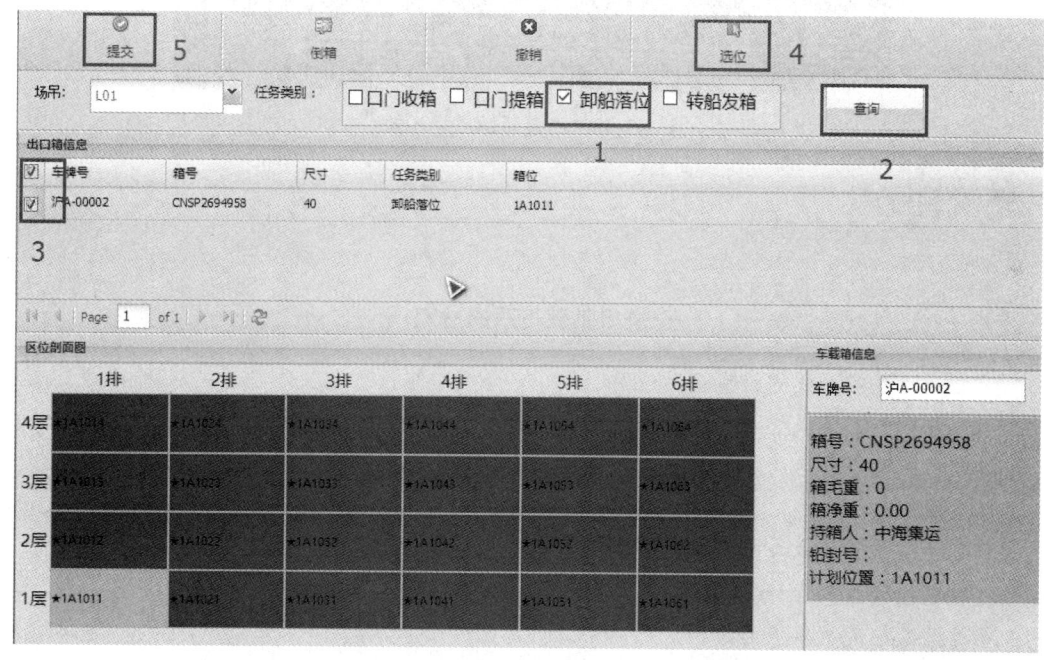

图 4-2-43 卸船选位操作

29. 驾驶龙门吊将箱子从集卡车上吊起，按↑键升起吊具，将集卡车上的集装箱吊至场箱位的白色方框位置，调整位置，当着床灯亮起时，将箱子放入白色方框内，然后按 6 键开锁升起吊具，如图 4-2-44、4-2-45 所示。

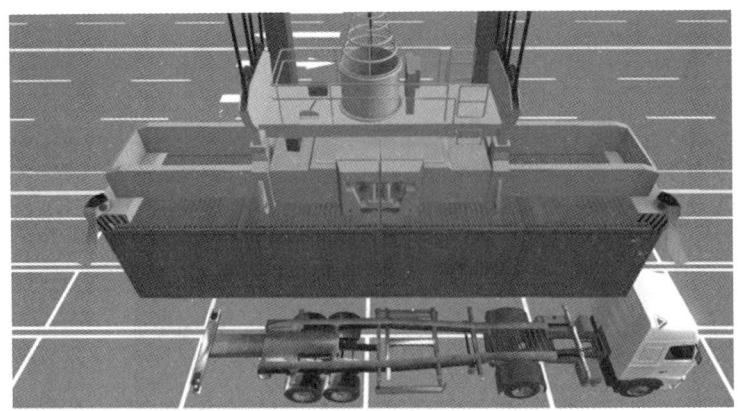

图 4-2-44 吊起箱子

图 4-2-45 集装箱落座场箱位

知识链接

进口集装箱残损鉴定

一、鉴定造成货物残损的原因

据分析，造成货物残损、短缺事故的原因主要是：货物本身及其包装的缺陷，使用了不适于货运的集装箱，箱内货物积载不良，原装短少或重量不足，船舶积载不当等。

（一）货物本身及其包装的缺陷

从检验情况分析，这些缺陷主要包括残破、霉烂、锈损、火损和气味感染。产生这些缺陷的主要原因是：

1. 包装不良，材料脆弱，包装方法不符合正常装卸、搬运、运输的要求，很容易在长途运输或装卸搬运中造成残破，致使物品流失或变成地脚。

2. 货物本身含有一定水分，只要水分略高一些，温度适宜，就会发霉。

3. 包装材料潮湿，包装内衬垫填充物潮湿，无防潮材料衬隔，货物外露在潮湿空气中等造成。

4. 货物本身自燃，有些货物的水分过度，促使货物自身的氧化加剧而着火自燃。

5. 包装物料有异味，感染货物。

（二）使用不适于货运的集装箱

缺陷主要包括水渍、锈损和气味感染。产生以上缺陷的主要原因是：

1. 集装箱本身有缺陷，如有破洞而漏水。

2. 未能按照货物的特性选择适合的集装箱，如：有一定重量的大型木箱或板类货物，由于装载作业有一定困难，应采用开顶集装箱装载；一般捆包货则应用干货集装箱装载；粮食等袋装货由于货物本身会发热发潮，应采用玻璃钢制的通风集装箱装载；奶粉特别怕受潮，应选用衬板集装箱装载。

3. 装货前未对集装箱进行认真检查，如：未清扫干净，有残留物、污物；有臭味，用水洗过后未经充分干燥；衬板里侧和箱底板含有水分而造成汗损。

（三）箱内货物积载不良

缺陷主要包括化学品渍、残破、变形和气味感染。产生以上缺陷的主要原因是：

1. 货物配载不合理，重货压轻货，货物重量分配不均。桶装液体一般说来应装在下部、后部，并铺垫吸潮物料，以避免渍损其他货物。把有强烈气味的货物与食品装在一起，造成货物之间的异味互相感染。

2. 由于积载不当，加固捆扎不牢，衬隔支撑不足，造成货物被压破、挤破、塌垛、摔破和变形。

（四）原装短少或重量不足

短缺主要包括包装完整无损而内容缺少；件数相符且不损坏，但重量、面积、长度不足。造成这些短缺的主要原因有：

1. 原装短缺，发货人装箱时漏装、错装；衡量时衡器失灵，计量错误。

2. 包装不坚固、破损，造成货物的流失短缺。

（五）船舶积载不当

缺陷主要包括残破、变形。造成这种缺陷的主要原因是集装箱在船舶上的装载不合理，固定不够牢固。尤其是装在甲板上的集装箱，超出允许高度，若遇到恶劣天气，船舶颠簸摇摆剧烈，造成货物或箱体互相碰撞、挤压，导致残破或滑落摔破。

任务三　重箱出场作业操作

【知识目标】

1. 了解提箱手续流程。
2. 掌握提运重箱定义。

【技能目标】

1. 掌握缮制提箱单据的方法。
2. 掌握 40 英尺集装箱出场操作。

【素养目标】

1. 开展港口门机岸桥司机岗位职责教育，培养螺丝钉精神，一分耕耘一分收获。
2. 鼓励学生创新拼搏，自立自强才能赢得尊重。

任务描述

卸船后货运人或其代理人便会来提箱，如何办理提箱手续王×也是第一次接触，提箱后进口作业基本上就结束了。所以，提箱的单据必须要齐全才可以办理提箱手续。

任务准备

一、提　箱

提运重箱一般包括一般提重、退关箱提重、转码头箱提重、内贸箱提重、超期箱提重、进口拼箱提重。一般提重及进口箱提箱，需要携带有效交货记录单和出场设备交接单。提箱时应严格审核交货记录，如海关放行章、检验检疫章等，若不齐、不清、不符不得提箱。如果代理公司与码头费用无托收协议，应先到受理台办理预约，付清相关费用后再进闸口提箱。

二、提箱单据

（一）交货记录

1. 交货记录又称总单，用以记录同一票集装箱的提取情况，是码头堆场或集装箱货运站在向收货人交付货物时，用来证明双方已完成货物的交付并记录交付情况的单证。交货记录是集装箱进口业务的重要单证之一。"交货记录"标准格式共 5 联：

（1）到货通知书（除进库场日期外所有栏目由船代填制）；
（2）提货单（盖章位置由责任单位盖章）；
（3）费用账单（剩余栏目由场站、港区填制）；
（4）交货记录（提货人签名）。

2. 交货记录流转程序如下：

（1）船舶代理人在收到进口货物单证资料后，在规定时间内向收货人或通知人发出"到货通知书"。

（2）收货人或其代理人在收到"到货通知书"后，凭海运正本提单（背书）和"到货通知书"向船舶代理换取"提货单"及港区、场/站的"费用账单"联、"交货记录"四联等联，"提货单"经船代盖章方有效。

（3）收货人或其代理人持"提货单"在海关规定的期限内备妥报关资料，向海关申报。海关验放后在"提货单"的规定栏目内盖放行章。收货人或其代理人还要办理其他有关手续的，亦应办妥手续，取得有关单位盖章放行。

（4）收货人及其代理人凭已盖章放行的"提货单"、"费用账单"和"交货记录"联向场/站或港区的营业所办理申请提货作业计划，港区或场/站营业所核对船代"提货单"是否有效及有关放行章后，将"提货单"、"费用账单"联留下，作为放货、结算费用及收费的依据。在第五联"交货记录"联上盖章，以示确认手续完备，受理作业申请，安排提货作业计划，并同意放货。

（5）收货人及其代理人凭港区或场/站已盖章的"交货记录"联到港区仓库或场/站仓库、堆场提取货物。提货完毕后，提货人应在规定的栏目内签名，以示确认提取的货物无误。"交货记录"上所列货物数量全部提交后，场/站或港区应收回"交货记录"联。

（6）场/站或港区凭收回的"交货记录"联核算有关费用。填制"费用账单"一式二联，结算费用。将第二联（蓝色）"费用账单"联留存港区、场/站制作部门，第四联（红色）"费用账单"联用作向收货人收取费用的凭证。

（7）港区或场/站将第二联"提货单"联、第四联"费用账单"联、第五联"交货记录"联留存归档备查。

（二）设备交接单

设备交接单是集装箱进出港区、场/站时，用箱人、运箱人与管箱人及其代理人之间交接集装箱的凭证，也是证明双方交接时集装箱状态的凭证和划分责任的依据。此单据通常由管箱人（租箱公司或代理人、船公司或船代公司等其他类型的集装箱经营人）发给用箱人，用箱人凭借此单据到场/站领取或送还集装箱。它包含六联，进口三联、出口三联，分别为管箱人（船公司、船代）联、码头联、用箱人联。

《集装箱设备交接单》一经签发不得更改。凡需更改者，必须到船舶代理人处办理更正手续，并于《集装箱设备交接单》更正处盖有船舶代理人箱管更正章，其他更正章一律无效。未经办理更正手续的《集装箱设备交接单》一律不得进入港区，违者按规定追究责任。

任务实施

一、40 英尺集装箱的出场操作

1. 使用自己的账号进行登录，登入系统后，选择"任务四　重箱出场业务操作"→"港口调度员"→"准备"→"开始"，进入 3D 虚拟场景。

2. 控制人物进入中控室，走近电脑，根据提示按 Alt 键操作电脑。

3. 打开虚拟电脑界面上的 进入船舶管理系统，依次选择"中控调度"→"场吊调度"，在"场吊编码"下拉列表中选择"L01"场吊，在"堆场信息"选择"1A"箱区，在"调度区域"中选择"*1A"，点击"保存"，按 Alt 键退出电脑操作，如图 4-3-1 所示。

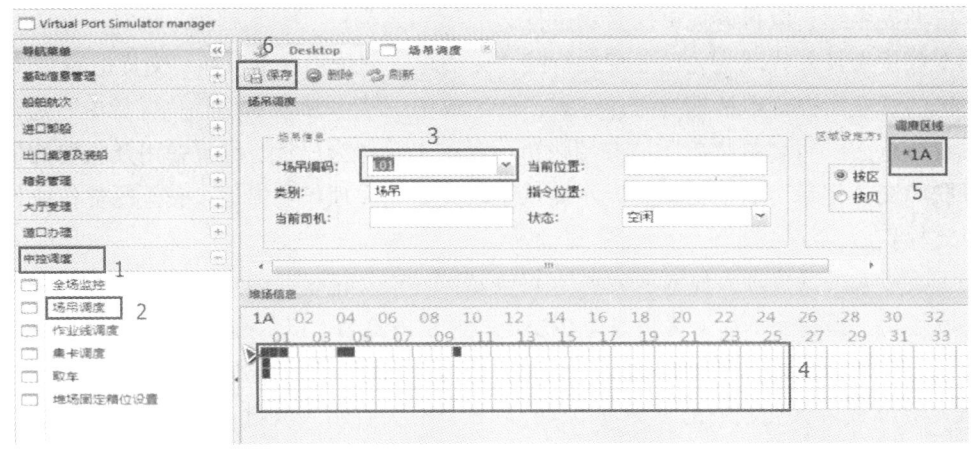

图 4-3-1　场吊调度

4. 将人物角色切换为"外集卡司机"，按 M 键打开传送地图，双击鼠标左键将人物传送至集装箱货运站，进入集装箱货运站办公室，走近电脑，根据提示按 Alt 键操作电脑，双击打开虚拟电脑界面上的 进入集卡管理系统，在"提箱预约"中勾选"40英尺集装箱信息"，点击"预约"→"打印"，然后按 Alt 键退出电脑，光标对准左边的打印机按住 Ctrl 键的同时单击鼠标左键拿出打印好的单据，出门靠左手边会看到集卡公司取车点，根据提示按 Alt 键操作取车机，点击"取车"，在"车辆信息列表"勾选"40 英尺集装箱信息"，点击"取车"，然后按 Alt 键结束取车操作，如图 4-3-2～4-3-6 所示。

图 4-3-2　操作集卡办公室电脑

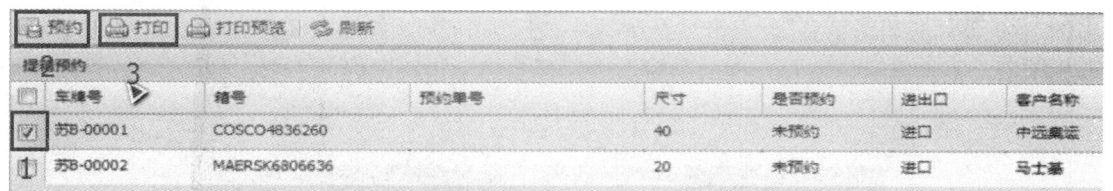

图 4-3-3　集卡预约

图 4-3-4　取车点

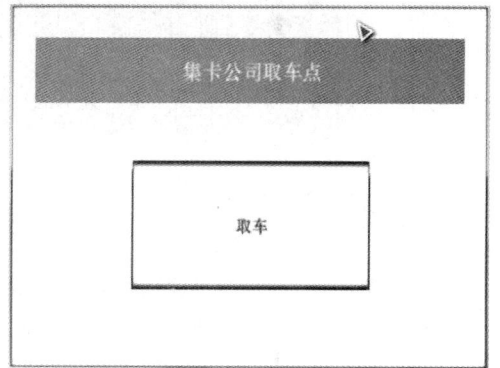

图 4-3-5　取车操作

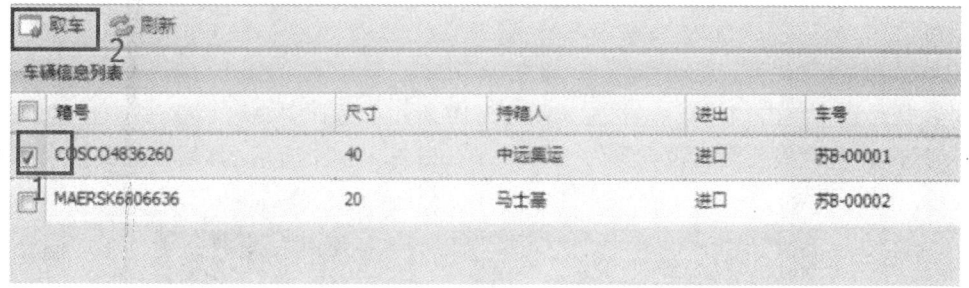

图 4-3-6　取车（40 英尺集装箱）

5."外集卡司机"来到集装箱货运站的站台外面，会看到已经预约好的车辆，走进集卡车，按 Alt 键操作集卡车，按 T 键挂挡驾驶卡车出门左转去港口，如图 4-3-7 所示。

图 4-3-7　外集卡车

6.驾驶车辆到港口外面，根据地面提示，选择 8 个进场通道中任意一个，将外集卡车驾驶到闸口旁边，按 Alt 键下车，进入检查口办公室，根据提示按 Alt 键操作电脑，电脑上会显示集卡和集装箱信息，点击"确认"，如图 4-3-8 所示。点击"查询"，勾选"预约选箱确认"

中的"40英尺集装箱信息",点击"开闸"→"打印小票",按 Alt 键退出电脑,在左边的打印机前面,根据提示按住 Ctrl 键的同时点击鼠标左键拿出打印好的小票,如图4-3-9所示。

图4-3-8 确认集卡和集装箱信息

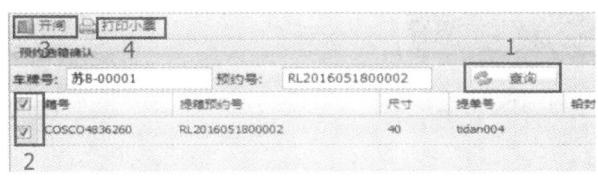

图4-3-9 开闸

7. 在任务栏中单击"打开单据",如图4-3-10所示。选择"提箱小票",双击打开提箱小票的详细信息,查看集装箱场箱位置为"1A0811",如图4-3-11所示。然后在任务栏中单击"单据"按钮,收起单据。

图4-3-10 打开单据

图4-3-11 查看提箱小票

8. 按 Alt 键驾驶外集卡车去"1A0811"堆场，到位置后按 Alt 键结束外集卡操作，将人物角色切换为"龙门吊司机"，按 Alt 键操作龙门吊，如图 4-3-12 所示。按 P 键启动龙门吊电源，按 Q 键进行选位，勾选"口门提箱"，点击"查询"，在"出口箱信息"勾选"40 英尺集装箱信息"，在"区位剖面图"中选择"*1A0811"，然后再点击"选位"→"提交"，选位成功后该场箱位的箱子会呈黄色高亮显示，如图 4-3-13 所示。

图 4-3-12　操作龙门吊

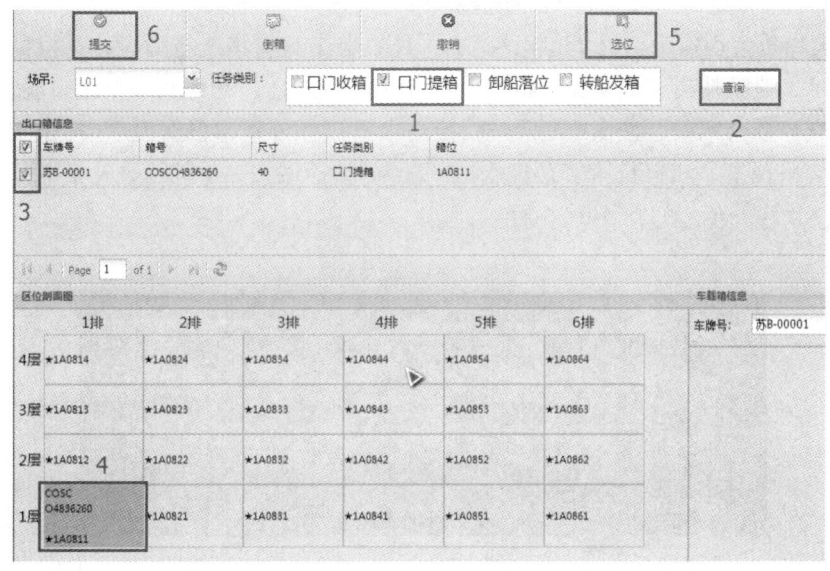

图 4-3-13　提箱选位

9. 按 A、D、W、S 键和方向键操作龙门吊（龙门吊操作方法可参照任务二），将集装箱从"1A0811"堆场吊起放到集卡车上，按 Alt 键结束场吊操作，如图 4-3-14、4-3-15 所示。（按 F1、F2、F3 键切换视角，便于吊箱）

图 4-3-14 吊起箱子（40 英尺集装箱）

图 4-3-15 集装箱装车（40 英尺集装箱）

10. 将人物角色切换为"外集卡司机"，将外集卡车开回集装箱货运站（根据闸口地面信息及箭头提示，驾驶外集卡车从提箱出场的那 8 个闸口通道中的任意一个闸口驶出），外集卡车行驶至检查口办公室处，按 Alt 键下车，走进检查口办公室，根据提示按 Alt 键操作电脑，此时电脑上会出现集卡和集装箱信息，点击"开闸"，返回按 Alt 键驾驶外集卡车回到集装箱货运站，按 Alt 键下车，如图 4-3-16 所示。

图 4-3-16 开闸

至此，40英尺集装箱的出场操作就完成了，接下来我们进行20英尺集装箱的出场操作。

二、20英尺集装箱的出场操作

1. 控制人物进入集装箱货运站的办公室，走近电脑，根据提示按 Alt 键操作电脑，在"提箱预约"勾选"20英尺集装箱信息"，点击"预约"→"打印"，然后按 Alt 键退出电脑，光标对准左边的打印机按住 Ctrl 键的同时单击鼠标左键拿起打印好的单据，出门靠左手边会看到集卡公司取车点，根据提示按 Alt 键操作取车机，点击"取车"，在"车辆信息列表"中勾选"20英尺集装箱信息"，点击"取车"，然后按 Alt 键结束取车操作，如图 4-3-17～4-3-21 所示。

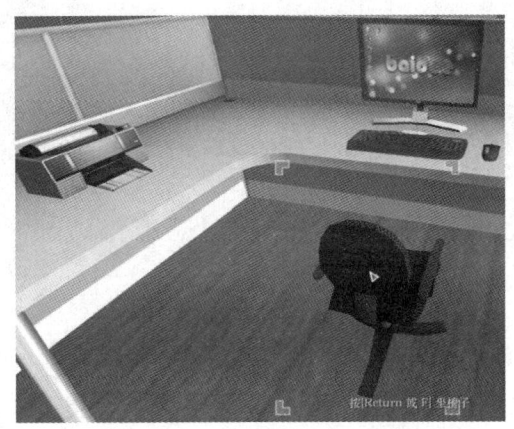

图 4-3-17 操作集卡办公室电脑

图 4-3-18 集卡预约

图 4-3-19 取车点

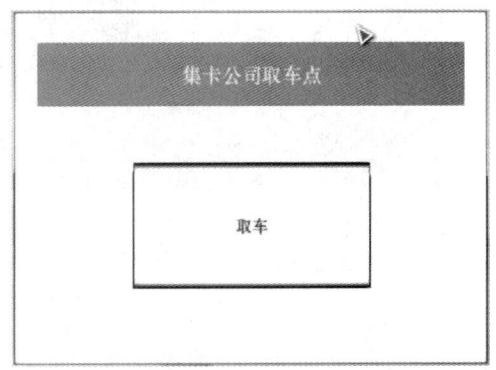

图 4-3-20 取车操作

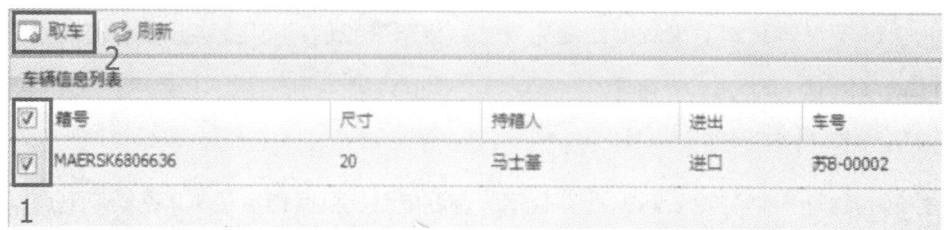

图 4-3-21　取车（20 英尺集装箱）

2. "外集卡司机"来到集装箱货运站的站台外面，会看到已经预约好的车辆，走进集卡车，按 Alt 键操作集卡车，按 T 键挂挡驾驶卡车出门左转去港口，如图 4-3-22 所示。

图 4-3-22　外集卡车

3. 驾驶车辆到港口外面，根据地面提示，选择 8 个进场通道的其中任意一个，将外集卡车驾驶到闸口旁边，按 Alt 键下车，进入检查口办公室，根据提示按 Alt 键操作电脑，电脑上会显示集卡和集装箱信息，点击"确认"，如图 4-3-23 所示。点击"查询"，在"预约选箱确认"中勾选"20 英尺集装箱信息"，点击"开闸"→"打印小票"，按 Alt 键退出电脑，在左边的打印机前面，根据提示按住 Ctrl 键的同时点击鼠标左键拿出打印好的小票，如图 4-3-24 所示。

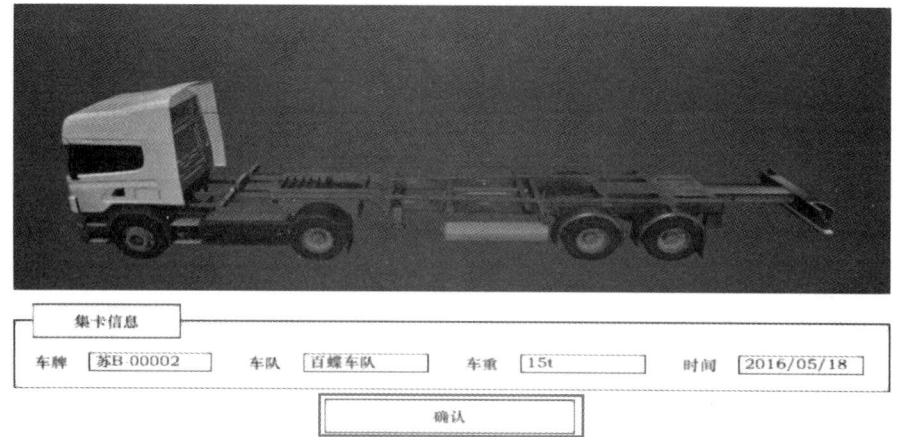

图 4-3-23　确认集卡和集装箱信息

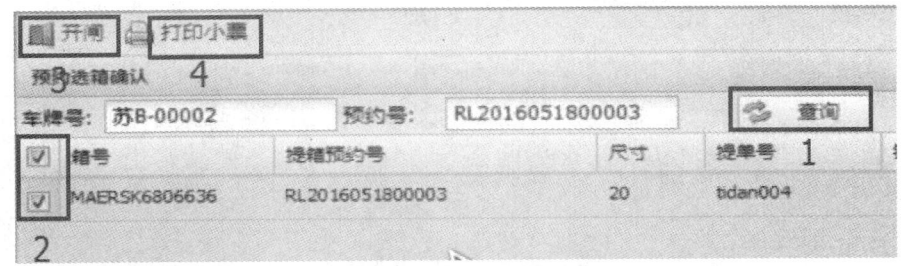

图 4-3-24　开闸

4. 在任务栏中单击"单据",如图 4-3-25 所示。选择"提箱小票",双击打开提箱小票的详细信息,查看集装箱场箱位置为"1A1111",如图 4-3-26 所示。然后在任务栏中单击"单据"按钮,收起单据。

图 4-3-25　打开单据

图 4-3-26　查看提箱小票

5. 按 Alt 键驾驶外集卡车去"1A1111"堆场,到位置后按 Alt 键结束外集卡操作,将人物角色切换为"龙门吊司机",按 Alt 键操作龙门吊,如图 4-3-27 所示。按 P 键启动龙门吊电源,按 Q 键进行选位,勾选"口门提箱"前面的复选框,点击"查询",在"出口箱信息"勾选"20 英尺集装箱信息",在"区位剖面图"选择"*1A1111",然后再点击"选位"→"提交",选位成功后该场箱位的箱子会呈黄色高亮显示,如图 4-3-28 所示。

图 4-3-27　操作龙门吊

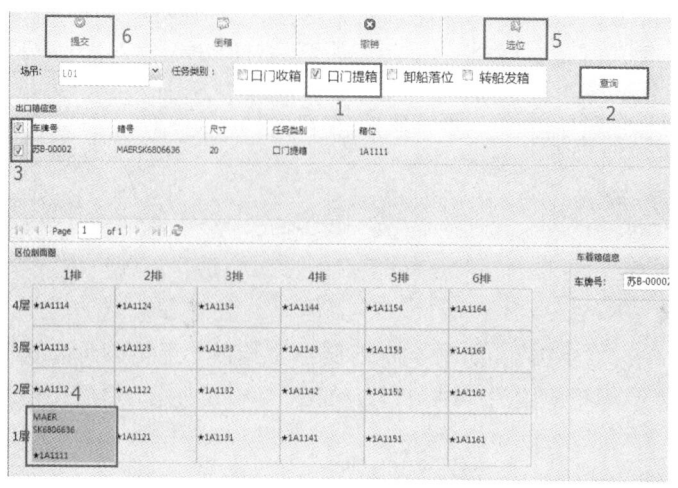

图 4-3-28　提箱选位

6. 按 A、D、W、S 键和方向键操作龙门吊（龙门吊操作方法可参照任务二），将集装箱从"1A1111"堆场吊起放到集卡车上，按 Alt 键结束场吊操作，如图 4-3-29、4-3-30 所示。（按 F1、F2、F3 切换视角，便于吊箱）

图 4-3-29　吊起箱子（20 英尺集装箱）

图 4-3-30　集装箱装车（20 英尺集装箱）

7. 将人物角色切换为"外集卡司机"，将外集卡车开回集装箱货运站（根据闸口地面信息及箭头提示，驾驶外集卡车从出场的 8 个闸口通道中的任意一个闸口驶出），外集卡车行驶至检查口办公室处，按 Alt 键下车，走进检查口办公室，根据提示按 Alt 键操作电脑，此时电脑上会出现集卡和集装箱信息，点击"开闸"，返回按 Alt 键驾驶外集卡车回到集装箱货运站，此次重箱出场业务操作完成，如图 4-3-31 所示。

图 4-3-31　开闸

知识链接

《集装箱交货记录》的应用

1. 承运人。

（1）集装箱运输的交货条款。收货人或其代理人凭海运正本提单（背书）在规定的时间内向承运人或其代理人换取"提货单"及场/站或港区的"费用账单"和"交货记录"四联，并在"交货记录"上签字后，货物交接手续完成。

（2）收货人凭正本多式联运提单（背书）向多式联运承运人在当地的代理人提取、交接货物。多式联运承运人的代理人必须具有合法的代理资格。

（3）承运人必须通知其装货港代理；远洋航线船舶在确认申报船舶抵卸货港前×天，将舱单、副本提单等完整资料寄达卸货港的船舶代理人；近洋航线船舶在抵港前尽早将上述资料寄达卸货港代理。

2. 船舱代理。

（1）船舶代理人在收到船舶资料后将其代理的船舶舱单送达口岸主管海关及卸货港区。

（2）船舶代理人应在远洋船舶抵港前若干天，近洋船抵港后，向收货人或通知人或其代理发出"到货通知书"。如进口舱单或其他有关资料无法查明确切的收货人或提单通知人时，应立即向发货港船舶代理查询，接复电后立即发通知。

（3）船舶代理人在收到正本提单并核对无误后，方可签发"提货单"，并在"提货单"上加盖专用章，以示确认。在特殊情况下，收货人或其代理人无正本提单提取货物，船舶代理人可凭收货人或其代理人的银行担保或其他可接受的有效保函，签发"提货单"。但收货人或其代理人必须办理销保手续。

（4）船舶代理人在签发"提货单"时，要仔细确认船舶货物是否属于自己代理的职责。不属于自己代理的船舶，任何船舶代理人无权签发"提货单"及其他有关证明。

（5）承运人交货地点为内地的集装箱货物，船舶代理人根据承运人指定的业务范围通知有关单位，有关单位可凭副本提单到船舶代理人处签发"提货单"等有关手续，并向口岸海关等有关检验机构办理转运手续。

（6）运费到付的进口货物，必须结清运费后方可签发"提货单"等有关单证。

（7）船舶代理人仅对其代理的海运承运人负责。

3. 场/站或港区。

（1）场/站或港区所存放的集装箱和货物，场/站或港区负保管的责任，并应按船公司或其代理人的通知放货。

（2）场/站或港区对海关需查验后放行的货物，凭海关出具的查验证明受理作业计划。对分批提货的货物凭"交货记录"受理作业计划。

（3）收货人或其代理人在"交货记录"上签收后，货运站或港区应将"交货记录"整理归档备案。

（4）进口箱内地交货，场/站、港区不得以任何理由擅自拆箱。

4. 收货人或其代理。

（1）收货人其贸易代理在签订进口贸易合同时，应要求发货人在托运时，写明国内收货人或"通知方"的全称及通信地址。

（2）收货人或某国内代理在收到"到货通知书"后，应及时凭正本提单（背书）和"到货通知书"向船舶代理人换取"提货单"。

（3）收货人办理进口手续。根据贸易性质，必须备妥进门许可证、合同、来料加工、进料加工补偿贸易登记手册、发票、包装清单、内地海关转关证明等有关资料。

（4）收货人对运费到付的货物，在换取"提货单"时，必须结清运费。

（5）进口集装箱重箱运往内地的，按照一关三检交货的有关规定办理。

（6）无正本提单，凭保函换取"提货单"的，必须去船代办理销保手续。

5. 海关及有关法定检验机构。

（1）海关受理进口申报，应验看船代出具的"提货单"，看所提货箱是否属其代理的船舶承运；对不属其代理的船舶，不受理其进口申报。

（2）海关受理进口申报，准予放行提货的货物，在"提货单"上规定位置盖放行章以示确认。对受理申报后，需查验后放行的货物向申报人出具海关查验证明，便于其向场/站、港区申请作业计划。

（3）承运人交货地在内地，且内地有海关，应准予申报人办理海关监管手续，到内地交货地办理结关手续。同样，必须进行法定检验的进口货物，商检、卫检、动植物检验机构仍按门岸机构有关规定办理手续。

拓展提升

需由船公司支付装卸费的条款：
1. Liner Term 班轮条款。
2. Berth Term 泊位条款。
3. Gross Term 包干条款。
4. Box Freight 包箱运费。
5. Freight All Kinds 均一费率。
6. Freight All Class 等级费率。
7. Freight Basis Class 重量/尺码选择费率。
8. Commodity Basis Freight 商品费率。
9. All in Freight 运费包干。
10. All in Rate 费率包干。
11. Liner in and out 船公司支付装卸费。
12. Liner in 船公司付装。
13. Liner out 船公司付卸。
14. Liner Free in 船公司不付装。
15. Liner Free out 船公司不付卸。

附录一

桥门式起重机司机（Q4）——起重机部件（图片）

1. 如图所示，该图箭头指向部件名称是什么？（单选题）
   - A. 轨道
   - ⦿ B. 主梁
   - C. 筋板
   - D. 端梁

2. 如图所示，该图箭头指向部件名称是什么？（单选题）
   - A. 卷筒
   - B. 电动机
   - C. 减速箱
   - ⦿ D. 制动器

3. 如图所示，该图箭头指向部件名称是什么？（单选题）
   - ⦿ A. 卷筒
   - B. 电动机
   - C. 减速箱
   - D. 制动器

4. 如图所示，该图箭头指向部件名称是什么？（单选题）
○ A. 卷筒
○ B. 电动机
⊙ C. 减速箱
○ D. 制动器

5. 如图所示，该图箭头指向部件名称是什么？（单选题）
○ A. 卷筒
⊙ B. 电动机
○ C. 减速箱
○ D. 制动器

6. 如图所示，该图箭头指向部件名称是什么？（单选题）
⊙ A. 行程开关
○ B. 安全尺
○ C. 锚定装置
○ D. 扫轨扳

7. 如图所示，该图箭头指向部件名称是什么？（单选题）
- A. 行程开关
- B. 安全尺
- C. 锚定装置
- ⊙ D. 扫轨扳

8. 如图所示，该图箭头指向部件名称是什么？（单选题）
- A. 联轴器
- ⊙ B. 电动机
- C. 减速箱
- D. 制动器

9. 如图所示，该图箭头指向部件名称是什么？（单选题）
- A. 联轴器
- B. 电动机
- ⊙ C. 减速箱
- D. 制动器

10. 如图所示，该图箭头指向部件名称是什么？（单选题）
⊙ A. 联轴器
○ B. 电动机
○ C. 减速箱
○ D. 制动器

11. 如图所示，该图箭头指向部件名称是什么？（单选题）
○ A. 联轴器
○ B. 电动机
○ C. 减速箱
⊙ D. 制动器

12. 如图所示，该图为起重机起升机构卷筒，图中箭头指向部件名称是什么？（单选题）
○ A. 超载限制器
⊙ B. 钢丝绳压板
○ C. 高度限位器
○ D. 导绳器

13. 如图所示，该图箭头指向部件名称是什么？（单选题）
○ A. 超载限制器
○ B. 钢丝绳压板
○ C. 高度限位器
○ D. 导绳器

14. 如图所示，该图表示起重机常见的什么安全装置？（单选题）
○ A. 块式制动器
○ B. 液压制动器
○ C. 高度限位器
⊙ D. 超载限制器

15. 如图所示，该图表示起重机常见的什么安全装置？（单选题）
○ A. 块式制动器
⊙ B. 液压制动器
○ C. 高度限位器
○ D. 超载限制器

16. 如图所示，该图箭头所指是起重机的什么安全装置，作用是什么？（单选题）

○ A. 止挡，吸收撞击能量

⊙ B. 缓冲器，吸收撞击能量

○ C. 止挡，增加撞击能量

○ D. 缓冲器，增加撞击能量

17. 如图所示，该图表示起重机的什么安全装置，作用是什么？（单选题）

○ A. 限制器，减速

○ B. 限制器，防风防滑

○ C. 夹轨器，减速

⊙ D. 夹轨器，防风防滑

18. 如图所示，该装置为起重机中常见的操控手柄，图中箭头所指红色按钮是什么？（单选题）

○ A. 起升开关

○ B. 启动按钮

○ C. 报警按钮

⊙ D. 紧急开关

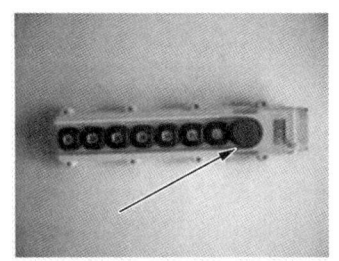

19. 如图所示，该图箭头指向部件名称是什么？（单选题）
○ A. 轨道
○ B. 主梁
○ C. 筋板
⊙ D. 端梁

20. 如图所示，该图箭头指向部件名称是什么？（单选题）
○ A. 行程开关
⊙ B. 安全尺
○ C. 锚定装置
○ D. 扫轨扳

21. 如图所示，该图表示什么起重机部件？（单选题）
○ A. 变速箱
○ B. 车轮组
⊙ C. 电器控制箱
○ D. 熔断器
○ E. 卷筒
○ F. 滑轮组

22. 如图所示，该图表示什么起重机部件？（单选题）
○ A. 变速箱
○ B. 车轮组
○ C. 电器控制箱
⊙ D. 熔断器
○ E. 卷筒
○ F. 滑轮组

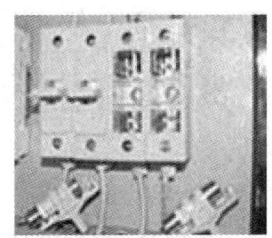

23. 如图所示，该图表示什么起重机部件？（单选题）
○ A. 变速箱
○ B. 车轮组
○ C. 电器控制箱
○ D. 熔断器
○ E. 卷筒
⊙ F. 滑轮组

24. 如图所示，该图表示什么起重机部件？（单选题）
○ A. 变速箱
○ B. 车轮组
○ C. 电器控制箱
○ D. 熔断器
⊙ E. 卷筒
○ F. 滑轮组

25. 如图所示，该图表示什么起重机部件？（单选题）
○ A. 变速箱
⊙ B. 车轮组
○ C. 电器控制箱
○ D. 熔断器
○ E. 卷筒
○ F. 滑轮组

26. 如图所示，该图表示什么起重机部件？（单选题）
⊙ A. 变速箱
○ B. 车轮组
○ C. 电器控制箱
○ D. 熔断器
○ E. 卷筒
○ F. 滑轮组

27. 如图所示，该图表示什么起重机部件？（单选题）
○ A. 主令开关
○ B. 变速箱
⊙ C. 凸轮开关
○ D. 车轮
○ E. 铃声脚踏开关
○ F. 联轴器

28. 如图所示，该图表示什么起重机部件？（单选题）
- ⦿ A. 主令开关
- ○ B. 变速箱
- ○ C. 凸轮开关
- ○ D. 车轮
- ○ E. 铃声脚踏开关
- ○ F. 联轴器

29. 如图所示，该图表示什么起重机部件？（单选题）
- ○ A. 主令开关
- ○ B. 变速箱
- ○ C. 凸轮开关
- ○ D. 车轮
- ○ E. 铃声脚踏开关
- ⦿ F. 联轴器

30. 如图所示，该图表示什么起重机部件？（单选题）
- ○ A. 主令开关
- ○ B. 变速箱
- ○ C. 凸轮开关
- ○ D. 车轮
- ⦿ E. 铃声脚踏开关
- ○ F. 联轴器

31. 如图所示，该图表示什么起重机部件？（单选题）

○ A. 主令开关

⊙ B. 变速箱

○ C. 凸轮开关

○ D. 车轮

○ E. 铃声脚踏开关

○ F. 联轴器

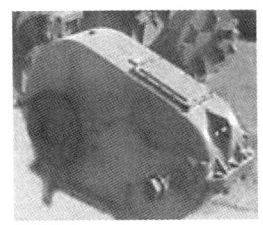

32. 如图所示，该图表示什么起重机部件？（单选题）

○ A. 吊钩滑轮组

⊙ B. 滑轮片

○ C. 联轴器

○ D. 大车车轮

○ E. 车轮组

○ F. 凸轮开关

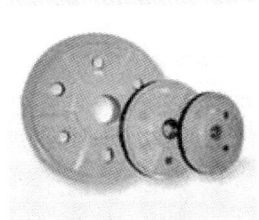

33. 如图所示，该图表示什么起重机部件？（单选题）

○ A. 吊钩滑轮组

○ B. 滑轮片

○ C. 联轴器

○ D. 大车车轮

○ E. 车轮组

⊙ F. 凸轮开关

34. 如图所示，该图表示什么起重机部件？（单选题）
⊙ A. 吊钩滑轮组
○ B. 滑轮片
○ C. 联轴器
○ D. 大车车轮
○ E. 车轮组
○ F. 凸轮开关

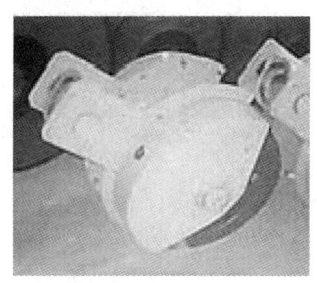

35. 如图所示，该图表示什么起重机部件？（单选题）
○ A. 吊钩滑轮组
○ B. 滑轮片
○ C. 联轴器
○ D. 大车车轮
⊙ E. 车轮组
○ F. 凸轮开关

36. 如图所示，该图表示起重机什么部件？（单选题）
○ A. 车轮
○ B. 滑轮
⊙ C. 卷筒
○ D. 联轴器

37. 如图所示，该图表示起重机什么部件？（单选题）
 ⊙ A. 变速箱
 ○ B. 滑轮组
 ○ C. 卷筒
 ○ D. 联轴器

38. 如图所示，该图表示起重机什么部件？（单选题）
 ⊙ A. 车轮组
 ○ B. 滑轮组
 ○ C. 卷筒
 ○ D. 联轴器

39. 如图所示，该图表示起重机什么部件？（单选题）
 ○ A. 主令控制器
 ⊙ B. 凸轮控制器
 ○ C. 电动控制器
 ○ D. 变速开关

40. 如图所示,该图箭头指向部件名称是什么?(单选题)
   ○ A. 超载限制器
   ○ B. 电动控制器
   ○ C. 高度限位器
   ○ D. 导绳器

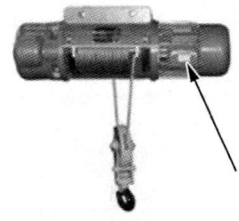

41. 如图所示,该图箭头指向部件名称是什么?(单选题)
   ○ A. 超载限制器
   ○ B. 电动控制器
   ○ C. 高度限位器
   ⊙ D. 导绳器

附录二

桥门式起重机司机（Q4）——指挥信号识别

1. 如图所示，该图标表示什么信号？（单选题）
   ⊙ A. 向左水平移动
   ○ B. 向右水平移动
   ○ C. 向前水平移动
   ○ D. 向后水平移动

2. 如图所示，该图标表示什么信号？（单选题）
   ○ A. 停止
   ○ B. 向右微动
   ⊙ C. 向左微动
   ○ D. 指示降落方位

3. 如图所示，该图标表示什么信号？（单选题）
   ○ A. 下降
   ○ B. 停止
   ○ C. 工作结束
   ⊙ D. 指示降落方位

4. 如图所示，该图标表示什么信号？（单选题）
○ A. 紧急停止
⊙ B. 工作结束
○ C. 停止

5. 如图所示，该图标表示什么信号？（单选题）
○ A. 紧急停止
○ B. 下降
⊙ C. 预备

6. 如图所示，该图标表示什么信号？（单选题）
○ A. 向左水平移动
⊙ B. 向右水平移动
○ C. 向前水平移动
○ D. 向后水平移动

7. 如图所示，该图标表示什么信号？（单选题）
 ○ A. 紧急禁止
 ○ B. 工作结束
 ○ C. 停止
 ⊙ D. 下降

8. 如图所示，该图标表示什么信号？（单选题）
 ⊙ A. 大车前进
 ○ B. 小车前进
 ○ C.大车后退
 ○ D. 小车后退

9. 如图所示，该图标表示什么信号？（单选题）
 ⊙ A. 大车后退
 ○ B. 小车后退
 ○ C. 大车前进
 ○ D. 小车前进

10. 如图所示，该图标表示什么信号？（单选题）
 ○ A. 工作结束
 ○ B. 紧急停止
 ⊙ C. 停止

11. 如图所示，该图标表示什么信号？（单选题）
  ○ A. 预备
  ○ B. 停止
  ○ C. 工作结束
  ⦿ D. 紧急停止

12. 如图所示，该图标表示什么信号？（单选题）
  ○ A. 停止
  ○ B. 工作结束
  ⦿ C. 微动

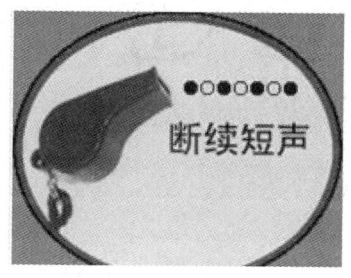

13. 如图所示，该图标表示什么信号？（单选题）
  ○ A. 工作结束
  ⦿ B. 紧急停止
  ○ C. 停止

14. 如图所示,该图标表示什么信号?(单选题)
- ⊙ A. 要主钩
- ○ B. 要副钩
- ○ C. 吊钩上升
- ○ D. 吊钩下降

15. 如图所示,该图标表示什么信号?(单选题)
- ○ A. 要主钩
- ⊙ B. 要副钩
- ○ C. 吊钩上升
- ○ D. 吊钩下降

16. 如图所示,该图标表示什么信号?(单选题)
- ○ A. 要主钩
- ○ B. 要副钩
- ⊙ C. 吊钩上升
- ○ D. 吊钩下降

参考文献

[1] 王岩. 集装箱码头业务操作[M]. 北京：机械工业出版社，2014.
[2] 谢丽芳. 物流单证制作食物[M]. 上海：华东师范大学出版社，2014.
[3] 周蕾. 物流技术与物流设备[M]. 北京：中国物资出版社，2009.